The Americas Series / Collection des Amériques
Colección de las Américas

Editors: D. Castillo Durante, F. de Toro, P. Imbert

1. *Perú en su cultura*
2. *L'interculturel au cœur des Amériques*

Couverture : Carlos Aitor Castillo, *El puente*, Huile, 0.60X0.80, Musée d'Art de Lima, Pérou. Premier prix "Salón Municipal de Lima, 1954".

Infographie: Pierre Bertrand

L'interculturel au cœur des Amériques

sous la direction de

Daniel Castillo Durante
Patrick Imbert

©2003 Legas, University of Manitoba, University of Ottawa
No part of this book may be reproduced in any form, by print, photoprint, microfilm, microfiche, or any other means, without written permission from the publisher.

**Catalogage avant publication de la
Bibliothèque nationale du Canada**

L'interculturel au coeur des Amériques / sous la direction de Daniel Castillo Durante, Patrick Imbert.

(The Americas series = Collection des Amériques = Colección de las Américas ; 2)
Comprend des réf. bibliogr.
ISBN 1-894508-45-9

1. Multiculturalisme--Amérique. 2. Ethnicité--Amérique. 3. Amérique--Relations interethniques. 4. Psychologie sociale--Amérique. 5. Psychologie sociale et littérature--Amérique. 6. Mondialisation--Aspect social--Amérique. I. Castillo Durante, Daniel II. Imbert, Patrick, 1948- III. Collection: Americas series (Ottawa, Ont.) 2.

E29.A1I57 2003   306'.097   C2003-905870-8

For further information and for orders:

LEGAS
P. O. Box 040328   3 Wood Aster Bay   2908 Dufferin Street
Brooklyn, New York   Ottawa, Ontario   Toronto, Ontario
USA 11204   K2R 1B3   M6B 3S8

Printed and bound in Canada

Table des matières

Daniel Castillo Durante et Patrick Imbert
    Les enjeux interculturels au cœur des Amériques   7

Le cadre théorique

Daniel Castillo Durante
    Cultures ultrapériphériques, mondialisation et paroles littéraires   13

Amaryll Chanady
    Entre hybridité et interculture : de nouveaux paradigmes
    identitaires à la fin du deuxième millénaire   21

Patrick Imbert
    Déplacements épistémologiques dans les littératures et
    les médias des Amériques   35

Discours et contre-discours

Danielle Forget
    Identité et argumentation transdiscursive au Brésil   51

Catalina Sagarra
    L'hégémonie globale : un mythe de la raison productive.
    Analyse des discours   65

Altérité et identité

Fernando de Toro
    L'identité, l'altérité, l'interculturel et le troisième espace :
    le théâtre d'Alberto Kurapel   89

Walter Moser
    Le baroque : pour faire et défaire des identités culturelles   101

Écritures et exclusions

Marie Couillard
    Reinaldo Arenas et Nicole Brossard :
    discours d'exclusion et discours d'inclusion   121

Claudine Cyr
> *David Plante. L'espace continental comme territoire de l'identité* 133

Adriana Rizzo
> *Exclusion sociale et exclusion de l'immigrant en Argentine au temps de la mondialisation. Leurs traces dans les discours médiatiques* 143

Les enjeux de l'interculturel au cœur des Amériques*

Dans le cadre de la mondialisation, les discours contemporains manifestent leur préoccupation pour les déplacements géographiques et les différentes fractures qui secouent la société. Dans ce contexte, les auteurs se sont intéressés à évaluer les dynamiques plus spécifiques aux Amériques en se consacrant aux discours littéraires, médiatiques et artistiques formant intertexte à travers une double logique de cohésion et de non assimilation. Il s'agit d'une logique qui n'est plus bloquée dans un dualisme confrontationnel fondé sur la croyance en l'objectivité et sur des références esthétiques européennes. Les dynamiques contemporaines semblent donc avoir entendu les appels d'Oswald de Andrade qui, en 1928, rejetait les canons européens et proposait la métaphore de l'anthropophagie comme paradigme culturel. Ce mouvement avant-gardiste prônant une assimilation de l'Autre menait à des discours hétérogènes et était tourné avant tout vers l'avenir. À l'heure actuelle, ce qui caractérise les Amériques est peut-être l'absence de rétorsion (Cyr) propre à la modernité dualiste jouant de l'exclusion et d'identités figées prises dans la logique des guerres nationalistes, puis de la guerre froide. Ceci ne signifie certes pas l'absence de lutte, mais plutôt la transformation, dans les Amériques, des conflits guerriers en compétition (Imbert). Celle-ci présuppose l'intégration des Amériques et repose sur une logique qui présente la vie comme jeu à somme non-nulle. Ceci permet de faire l'hypothèse qu'au lieu de penser, comme dans la modernité, que la somme des richesses économiques et culturelles est limitée et que, si un groupe en maîtrise une part importante, c'est qu'il en prive les autres groupes, on conçoit maintenant qu'il est possible de créer des richesses nouvelles. Ainsi, accumuler richesses matérielles ou savoirs pourrait ne plus signifier nécessairement priver les autres. Dès lors, un certain marxisme céderait la place au libéralisme et les peurs de l'assimilation linguistique ou culturelle seraient recontextualisées.

---

* Nous tenons à remercier l'Université du Manitoba et l'Université d'Ottawa pour leur soutien dans la publication du présent ouvrage. Nous soulignons également ici la collaboration de Nathalie Dumas pour la révision des épreuves.

Cependant, il est clair aussi que les décontextualisations et les recontextualisations liées à la mondialisation (Sagarra) mènent à la perte d'environnements protecteurs et donc à des tragédies individuelles et sociales qui aggravent la marginalisation d'une partie des régions périphériques aboutissant parfois à l'ultrapériphérique et à l'ordure comme forme dégradée de la marchandise (Castillo Durante).

C'est dans ce cadre général que se développent les processus de transculturation des images de soi individuelles et collectives qui, d'une métropole à l'autre des Amériques, mènent à une émergence d'une citoyenneté des Amériques. Ces images de soi se développent dans le cadre des échanges économiques (Alena, ZLEA[1]) et aussi en fonction des mouvements touristiques et migratoires renforçant la réflexion sur les enjeux culturels, politiques et économiques de la vie démocratique. La transculturalité et ses arguments (Forget) se développent aussi au niveau des échanges artistiques, des collaborations professionnelles et universitaires. Ils mettent à jour le côté foncièrement hybride des diverses images de soi (Chanady). Ces hybridités passent par des rapports de pouvoir liés aux questions d'exclusion ou d'inclusion des altérités (Couillard). Les Amériques ont vécu plus que les autres la grande révolution du XIXème siècle, celle du droit à la propriété pour tous, soit l'expansion individuelle liée à une territorialité. Cette expansion qui a été niée par l'Ancien Régime puis par les marxismes et socialismes utopiques a attiré des immigrants portés par l'espoir d'une vie meilleure. Ils étaient plus ou moins conscients, dans le cadre des États-Nations européens, de la différence fondamentale que signifiait la valorisation de l'appartenance à un territoire national en fonction de l'accès ou non de l'individu à la propriété. La lutte pour les droits à la propriété et au développement économique et personnel dont se sont prévalus les settlers (États-Unis et Canada notamment) et les immigrants a été inégale dans les Amériques. Cette lutte pour un développement indépendant est inégalement partagée (Rizzo).

De nos jours, cette territorialisation d'individus propriétaires s'oriente vers la reconnaissance du droit à se déplacer et à engager les allégeances et significations dans des processus migratoires fondés sur les développements technologiques, les intérêts scientifiques et culturels, et les logiques des investissements. Aussi, se contextualiser autrement manifeste une tentative pour mieux vivre le rêve américain. Les cultures des collectivités neuves tendent toujours à mener à l'exploration de la frontière comprise comme ouverture dans l'acception anglo-américaine du terme (frontier). Franchir les limites et explorer les modalités de réseautages nouveaux font partie de la richesse symbolique et culturelle en marche d'un bout à l'autre du continent dans le

---

[1] Accord de libre échange nord-américain et Zone de libre échange des Amériques.

désir de maintenir constamment actifs les échanges entre cultures diverses (de Toro). Celles-ci entrent en concurrence tout en tendant à éviter le conflit armé et le génocide liés, dans le cadre du XXème siècle, aux cultures de masse européennes totalitaires. Le but est bien d'être libre tout en créant des liens qui permettent de ne pas vivre dans la peur.

C'est dans cette perspective postmoderne d'un dialogue ludique et échappant aux logiques destructrices fondées sur la peur que le baroque latino-américain (Moser) propose une créativité susceptible de dévoiler des carrefours de convergence au cœur des Amériques.

Les responsables de la publication

Groupe de Recherche sur les
Discours des Amériques (GRDA)
Université d'Ottawa

Le cadre théorique

Cultures ultrapériphériques, mondialisation et paroles littéraires

Daniel Castillo Durante
Université d'Ottawa

> *Ya mataron a la perra, pero quedan los perritos...*
> (Corrido popular mexicain extrait de
> *El llano en llamas* de Juan Rulfo)

La mondialisation des cultures ne peut que s'exacerber avec l'intégration des marchés. Il s'agit d'un processus qui, sans être foncièrement nouveau, connaît de nos jours une accélération que les nouvelles technologies aident à développer. Indépendamment des conditions matérielles d'existence des cultures, l'internet affecte leurs configurations socio-politiques sur la planète.
Voici quelques considérations préalables concernant l'internet comme outil de mondialisation:

1. L'internet, en tant que réseau international de communication, est peut-être l'instrument de mondialisation le plus efficace à l'heure actuelle.
2. Son emprise sur la société tend à s'accroître grâce à sa grande capacité d'accueil de plusieurs types de supports médiatiques.
3. L'information — sous toutes ses formes — y joue un rôle majeur : a) nouvelles locales et internationales ; b) banques de données ; c) modes d'emploi pour toutes sortes d'opérations depuis la fabrication d'une bombe jusqu'à la meilleure manière de se procurer un un(e) esclave sexuel(le) ; d) instruments de recherche pour les plus différentes perspectives; e) matérialisation du mythe du voyage vertical ; f) territoire inépuisable de transgressions à l'encontre de tous les tabous qui limitent les rapports d'altérité sur la sphère sociale. Les sphères économiques et politiques ne sont pas à l'abri de stratégies destinées à les déstabiliser.

Les impasses de la mondialisation

La mondialisation des cultures connaît cependant des obstacles. Il y a d'abord la résistance qui se manifeste à l'égard d'une homogénéisation croissante de la planète[1]. Le concept de culture régionale que l'on pensait vouée à l'extinction refait surface. Progressivement l'on s'aperçoit que —au-delà des États-Nations— il y a des zones qui réclament leur droit à déclarer leur autonomie culturelle. Ce sont de vastes zones qui comprennent des espaces géographiques fort étendus et des langues aussi différentes que l'espagnol ou l'arabe. Rien que dans l'espace des Amériques, le cas des cultures latino-américaines est assez significatif à cet égard. Confrontées à des conflits politiques et économiques, les différentes cultures latino-américaines connaissent en général aujourd'hui des situations de tension sociale particulièrement explosive. L'Argentine, l'un des partenaires importants du Mercosur (le Marché Commun du Sud de l'Amérique) subit une banqueroute d'État, voit 50% de sa population sombrer dans la pauvreté et vit la plus grave crise politico-sociale de son histoire. L'Alliance pour le travail, la justice et l'éducation, formée par l'Union civique radicale (UCR) et le Front pour un pays solidaire (Frepaso) pour les élections générales de 1999, n'ayant nullement survécu à l'épreuve du pouvoir, s'est soldée par un échec aux conséquences imprévisibles. Le dernier président en poste (Duhalde) semble lui-même vaciller au gré des crises à répétition qui secouent le pays depuis la fin de l'année 2001. Le capitalisme corporatif le plus élémentaire prime toujours sur le bien commun et la misère gagne du terrain jour après jour. Il y a peu de pays au monde qui aient connu une involution sociale, économique et politique aussi foudroyante que l'Argentine. Le Paraguay —un autre pays membre également du Mercosur— croupit dans la paralysie politique et économique alors que les classes moyennes sont virtuellement disparues et que de plus en plus de gens complètement précarisés poussent leurs bidonvilles jusqu'aux portes du Palais présidentiel. La guerre civile fait des ravages en Colombie, et le Vénézuéla est aux prises avec une légitimité politique de plus en plus contestée. Je pourrais multiplier les exemples, mais ce qui me semble important de souligner ici, c'est le type de culture qui est en train d'émerger dans ces régions de la planète à l'heure de la mondialisation. À Asunción, par exemple, la capitale du Paraguay, 50,000 familles vivent à Cateura, une très grande étendue de terres qui jouxtent le fleuve Paraguay. Là se trouve le dépotoir de la capitale, Asunción, une ville de presque 700,000 habitants. À Cateura, des montagnes d'ordures et toutes sortes de déchets montrent à ciel ouvert les différentes vagues de consommation tout au long des années. De nombreuses cheminées permettent au gaz de s'échapper sans pour autant

---

[1] La tendance à l'uniformisation des cultures constitue sans doute l'un des traits communs soulignés par plusieurs auteurs. Cf. Edgar Morin, *L'esprit du temps,* Grasset, Paris 1962, Jacques Ellul, *Le système technicien,* Calmann-Lévy, Paris 1977. Pégis Debray, *Cours de médiologie générale,* Gallimard, Paris 1991.

éviter des explosions ici et là. Des milliers de familles —beaucoup de mères célibataires parmi elles— y vivent et y travaillent. Cateura opère comme une ville dans la ville. Débordée par l'accumulation de détritus, le dépotoir gagne du terrain et tend, dans ses frontières, à se confondre avec la ville elle-même. Une économie interne (très diversifiée) avec toute une hiérarchie de fonctions permet à une bonne partie des habitants de Cateura de vivre du recyclage des ordures. Lors de mes deux visites sur place en 2001, j'ai été frappé par le sens de l'organisation en dépit des conditions de travail contraires aux normes les plus élémentaires de protection de la santé des travailleurs. Des gaz et des fermentations nauséeuses y flottent en permanence sans que les femmes, les hommes et les enfants qui passent leurs journées à vider des camions chargés d'ordures ménagères et même industrielles portent ne serait-ce qu'un masque de protection contre les vapeurs méphitiques qui empuantissent l'air. Dans cette culture proprement excrémentielle, la vie se poubellise au jour le jour. Entre les mains des enfants, le moindre rebut se transforme en jouet. Cela atteste aussi paradoxalement de la capacité du sujet en position de dépotoir à s'adapter aux conditions de vie les plus âpres. Aussi étonnant que cela paraisse, le sourire affleure souvent dans leurs visages. Cateura ne dort jamais. Des équipes se relaient 24 heures sur 24. La nuit, on les voit avec une lampe de mineur au front, enfoncer leurs mains dans de nouvelles montagnes de déchets. Cette activité fébrile autour de l'ordure est constante non seulement à Cateura mais dans d'autres endroits de la ville où prospère l'ordure. À la tombée du jour, toute une armée de chariots tirés par des mulets parcourt la ville en quête de détritus. Cateura revêt ici une dimension symbolique de ce qui est en train de se passer dans d'autres économies émergentes dans l'espace des Amériques.

Cultures duelles

Ces cultures —qu'on pourrait nommer *duelles*— se caractérisent par une fracture très marquée entre des élites qui ont accès au marché de consommation à l'occidentale (j'ai rarement vu autant de Mercedes Benz comme à Asunción), et de vastes poches de population dont la précarisation les fait basculer dans le type de culture excrémentielle que je viens de décrire. Cette notion de *culture excrémentielle*, je m'empresse de le préciser, va bien au-delà de l'interprétation que Arthur Kroker et David Cook font, par exemple, du tableau « The Old Man's Boat and the Old Man's Dog » d'Eric Fischl afin de lui faire incarner l'esprit pestilentiel de la société et de la culture postmodernes[2].

---

[2] Arthur Kroker & David Cook, *The Postmodern Scene. Excremental Culture and Hyper-Aesthetics*, New York, St.Martin's Press, 1986, p. 10.

De manière générale, j'ai rencontré, à peu près, les mêmes logiques d'échange et de rentabilisation du déchet à Mexico D. F., à Lima, à Bogota, à Quito, à Caracas, à Buenos Aires, à Rosario, à Tucumán et dans d'autres grandes villes de l'Amérique latine. Beaucoup de ces dépotoirs sont devenus autonomes et ont leurs propres règles. Ils sont tous en expansion constante et développent une logique de précarisation que la mondialisation des marchés ne fait que radicaliser. En dépit de leurs dénuements matériels respectifs, ces cultures du dépotoir sont branchées sur les réseaux mondiaux d'information. Même dans des maisons où les installations sanitaires les plus élémentaires manquent, l'on trouve un poste de télévision. L'ordinateur est moins répandu pour le moment mais il occupe une place stratégique chez ceux et celles qui ont des responsabilités au sein des différentes villes-dépotoirs que j'ai visitées. Dans le bidonville (barriada) de Villa El Salvador, par exemple, à Lima, l'on trouve des journaux, accès à l'internet et une chaîne de télévision.

La fiction en position de dépotoir

Trois logiques sous-tendent les pratiques culturelles dans ces sociétés cloacales:

1. Recyclage du rebut. Détourné de sa fonction canonique, le rebut est pris en charge par un second regard qui imprègne l'objet déchu d'une deuxième signification.

2. La cohabitation avec l'ordure et la dégradation de l'environnement qu'elle provoque, établit une logique de rapport à autrui où la vie revêt une valeur assimilée à la déchéance de l'objet. Dans ce contexte, tout a une valeur et rien n'en a vraiment. En ce sens, le port d'un masque pour se protéger contre les émanations délétères qui minent l'organisme ne semble pas constituer un véritable enjeu. Le nombre de ceux que le dépotoir avale est toujours inférieur à celui des immigrants qui s'empressent d'y accéder à leur tour. Pour les millions de personnes privées de ressources, la ville-dépotoir représente un lieu de séjour et un moyen de travail. Dans cette perspective, aussi paradoxal que cela paraisse, la culture du dépotoir — les valeurs intrinsèques de précarité qu'elle véhicule — constituent un abri contre la misère et les injustices qui sévissent dans les régions éloignées des grands centres urbains. Il ne serait pas tout à fait abusif de comparer les dépotoirs à des camps de réfugiés économiques dont les frontières avec les villes qui les accueillent se font de plus en plus floues. Paradoxalement, les grandes villes en Amérique latine constituent le refuge et le lieu par excellence de radicalisation de la misère. La violence y voit aussi sa première condition de possibilité.

3. Dans ce contexte socio-culturel, le concept même de mort tel que nous le connaissons en Occident, doit être repensé à la lumière d'une logique qui voit l'effritement biologique — aussi précoce et brutal soit-il — comme faisant partie d'un processus de récupération dont l'ordure constitue la clef-de-voûte. La mort en tant que message est une récupération que le dépotoir émet. Il s'agit en fait d'un passage vers l'ordure. Dans cette perspective, la parole littéraire (je pense ici à celle de Rulfo[3]) avait déjà ouvert la voie à une réflexion sur les sociétés où la violence institutionnalise la mort.

Ces trois éléments expliquent peut-être pourquoi beaucoup de pratiques culturelles émergentes voient dans la représentation de la violence radicale l'un des moyens d'expression privilégiés. Dans le présent travail, je restreins mon corpus à un seul mouvement culturel. Je laisserai pour une deuxième recherche sur le terrain le cas colombien dont les pratiques culturelles actuelles font état d'une ébullition sans précédent[4].

À Lima, capitale du Pérou et ville de plus de sept millions d'habitants, les différentes cités-dépotoirs ont produit une culture « chicha » qui a relégué aux oubliettes les anciens repères culturels d'origine européenne. Le Movimiento Kloaka, formé en septembre 1982[5] — deux ans avant que Alan García ne prenne le pouvoir (1985-1990) — voit le jour dans un des quartiers les plus pauvres de Lima, Rímac au nord de la capitale. Des gens intéressés par une prise de parole qui prenne en charge la violence qui secoue la société publient des manifestes et organisent des rencontres. Différents registres d'expression sont convoqués. On y trouve une dénonciation contre la *albañalización* (de albañal en espagnol: de l'arabe al-balla'a, le cloaque, lieu destiné à recevoir les immondices) de la société péruvienne. Róger Santiváñez, Guillermo Gutiérrez, Mariela Dreyfus, Edián Novoa, Domingo de Ramos et Carlos

---

[3] Daniel Castillo Durante, *Los vertederos de la postmodernidad: literatura, sociedad y cultura en América latina*, Universidad Nacional Autónoma de México, México, 2001. Pour ce qui est de Juan Rulfo, je renvoie, bien entendu, à son recueil de nouvelles *El llano en llamas* (México, Fondo de cultura económica, 1953) ainsi qu'à son roman *Pedro Páramo* (México, Fondo de cultura económica, 1955).

[4] Pour ne me référer qu'au domaine littéraire, je pense ici à une écriture comme celle de Jorge Franco Ramos dont les romans s'efforcent de révéler les conditions de possibilité de la violence en milieu urbain. Son texte romanesque *Rosario Tijeras* (Plaza & Janés, Bogotá 1999) matérialise en quelque sorte la parole de toute une nouvelle génération d'écrivains colombiens aux prises avec le problème de l'institutionnalisation de la violence. Dans cette perspective, il faudrait aussi mentionner Fernando Vallejo, l'auteur de *La virgen de los sicarios*, Punto de lectura, Madrid 1998.

[5] Le mouvement Kloaka fut dissout officiellement lors d'un récital en février 1984 à l'Auditorio Miraflores cédé par la comédienne Dalmacia Samohod.

Enrique Polanco en ont fait partie. Leurs discours[6], quoiqu'ils dénonçaient souvent l'ordre établi, n'établissaient pas des passerelles objectives avec la remise en question des écrivains qui militaient dans les rangs du mouvement subversif Sentier Lumineux. Il n'en demeure pas moins qu'une étude comparative des deux productions discursives pourrait s'avérer fort intéressante pour comprendre le phénomène de la violence dans les sociétés que je nomme ici ultrapériphériques. Je pense notamment à des auteurs comme Jovaldo et Edith Lagos — déjà décédés — ainsi qu'à toute la production « littéraire » destinée à maintenir le moral des guerrilleros lors de leurs entraînements ou lorsqu'ils étaient en prison.

Toute la production discursive du Movimiento Kloaka visait à mettre sur pied une « conscience vigilante ». Ils cherchaient également à promouvoir une interaction entre les différentes formes d'expression des cultures ultrapériphériques.

De la violence institutionnalisée à la parole littéraire : *Architecture de la frayeur (1988)*, une rhapsodie cloacale

Domingo de Ramos (1960), peut-être l'écrivain le plus emblématique du Movimiento Kloaka, est fils de migrants andins et a grandi dans une *barriada* (bidonville) des *arenales* de San Juan de Miraflores. Membre fondateur du Movimiento Kloaka, son premier livre *Architecture de la frayeur* (*Arquitectura del espanto*, 1988)[7] est publié dans le contexte sanglant des années 80. Rhapsodie d'une périphérie aux prises avec une violence galopante, plusieurs registres y posent deux enjeux significatifs :

1. La violence que développe la culture en position de dépotoir se retourne contre elle-même lorsque les individus qui la composent ne parviennent pas à adhérer à une cause.
2. La marginalité ouvre sur d'autres marginalités qui tendent vers la radicalisation de la violence qui les sous-tend.

Ce mécanisme est évoqué lorsqu'il dit : « sous l'ombre / des édifices invertébrés / qui ploient comme un labyrinthe de lumière » (« bajo la sombra / de los edificios invertebrados / que se arquean como un laberinto de luz » (*Arquitectura*, 10). Le texte de Domingo de Ramos éla-

---

[6] Róger Santiváñez: *Homenaje para iniciados, El chico que se declaraba con la mirada, Symbol y Cor cordium*; Domingo de Ramos: *Arquitectura del espanto, Pastor de perros, Osmosis, Las cenizas de Altamira*; José Velarde: *Casa sin puerta, Palabras anudadas*; Lelis Rebolledo: *Flecha púrpura*; Rafael Dávila-Franco: *Animal de las veredas, Tránsito y Plumas de pez*, Dalmacia Ruiz-Rosas: *Secuestro en el jardín de las rosas, Baile* (les deux derniers auteurs, sans pour autant faire partie de Kloaka avaient des échanges avec le groupe).

[7] Domingo de Ramos, *Arquitectura del espanto*, Lima, Asalto al cielo editores, 1988.

bore des images qui éclairent le dépotoir comme ombilic cloacal de l'univers. Le sujet s'assume comme ordure des marges et revendique son droit à une parole déchue, pénétrée de rage et d'épouvante. Dans son texte *Architecture de la frayeur*, la cité-dépotoir se constitue en fenêtre à partir de laquelle se découvre le Pérou et — au-delà de sa réalité chaotique et de ses fractures sociales — les signes en déroute d'une civilisation qui court à sa propre perte.

Les littératures du dépotoir, tout en anticipant sur les différentes formes de la terreur qui se développent dans les sociétés ultrapériphériques, nous renseignent sur le processus d'érosion que rencontre l'altérité à l'heure de la mondialisation des cultures dans l'espace des Amériques.

Le regard se dégageant de la culture du dépotoir poubellise ce qu'il touche. Cela explique, du moins en partie, la dévaluation de la vie ainsi qu'un rapport d'altérité sous le signe du conflit exacerbé.

Le dépotoir gère l'excès des ordures qui envahissent l'espace urbain (l'une des caractéristiques des cultures émergentes). L'ordure — forme dégradée de la marchandise — prend le devant de la scène. Il se peut que le XXIe siècle voie les fractures des dépotoirs devenir l'enjeu principal des conflits mondiaux. Contrairement aux thèses de Samuel Huntington[8] qui accorde un rôle clé au choc des civilisations, je verrais plutôt dans l'émergence de nouvelles formes hybrides de cultures[9] — celle des dépotoirs en est une — l'un des éléments importants pour comprendre la reconfiguration des enjeux internationaux à l'heure de la mondialisation. Sans vouloir extrapoler, je crois que ce qui s'est passé à New York le 11 septembre 2001 relève un peu de cette logique. Aussi cruel que cela paraisse, l'on ne peut que constater abasourdis (et fascinés tout à la fois par l'aspect spectaculaire de la scène apocalyptique) la foudroyante transformation en débris des deux tours jumelles qui représentaient le triomphe d'un système de valeurs assis sur le principe du libre commerce. Impossible ici de ne pas réfléchir à la valeur des images qui ont martelé jusqu'à satiété la substitution d'un des symboles les plus puissants du capitalisme par un dépotoir à ciel ouvert de ferraille tordue et de chair calcinée.

Domingo de Ramos, dans son livre *Berger de chiens*[10], paraît surmonter la frayeur (espanto) lorsqu'il dit : « Enclenque viro el rostro hacia el último semáforo / como si fuera abigarrados astros pasmados en los ojos de los perros / olvidándome de lo que soy Consumación

---

[8] Samuel Huntington, "The Clash of Civilization", *Foreign Affairs*, 1993.

[9] Je suis d'accord avec García Canelini pour voir la ville comme le lieu par excellence de cette hybridité : *Culturas híbridas*, Grijalbo, México 1989.

[10] Domingo de Ramos, *Pastor de perros*, Asalto al cielo editores & Colmillo blanco, Lima, 1993.

Expiación Homeldemente /Eso El verdugo de mí mismo Oh esqueleto voluptuoso / Divino terror me hundo en tu orgía[11] ».

Dans les pratiques culturelles des cités-dépotoirs la violence est délestée de sa dimension éthique et la mort d'autrui tend à se confondre avec celle de l'objet. La littérature ultrapériphérique semble passer ainsi de la frayeur vers la terreur tout en postulant que — face à l'excès de l'ordure — les frontières entre vie et déchet ne peuvent que s'estomper.

Bibliographie

Castillo Durante, Daniel, *Los vertederos de la postmodernidad: literatura, sociedad y cultura en América latina*, Universidad Nacional Autónoma de México, México 2001.

Debray Régis, *Cours de médiologie générale*, Gallimard, Paris 1991.

de Ramos, Domingo, *Arquitectura del espanto*, Asalto al cielo editores, Lima 1988.

de Ramos, Domingo, *Pastor de perros*, Asalto al cielo editores & Colmillo blanco, Lima 1993.

Ellul Jacques, *Le système technicien*, Calmann-Lévy, Paris 1977.

Franco Ramos, Jorge, *Rosario Tijeras*, Plaza & Janés, Bogotá 1999.

García Canclini, Néstor, *Cultural híbridas*, Grijalbo, México 1989.

Huntington, Samuel, « The Clash of Civilization », *Foreign Affairs*, 1993.

Kroker, Arthur, Cook, David, *The Postmodern Scene. Excremental Culture and Hyper-Aesthetics*, St.Martin's Press, New York 1986.

Morin, Edgar, *L'esprit du temps*, Grasset, Paris 1962.

Rulfo, Juan, *El llano en llamas*, Fondo de cultura económica, México 1953.

Rulfo, Juan, *Pedro Páramo*, Fondo de cultura económica, México 1955.

Vallejo, Fernando, *La virgen de los sicarios*, Punto de lectura, Madrid 1998.

---

[11] *Op. cit.*, p. 40.

Entre hybridité et interculture : de nouveaux paradigmes identitaires à la fin du deuxième millénaire

Amaryll Chanady
Université de Montréal

Depuis une vingtaine d'années, les discours littéraires, théoriques et critiques portant sur l'hybridité ou des concepts connexes (l'hétérogénéité, la transculture, le métissage culturel, etc.) foisonnent dans les Amériques, où ils ont acquis une importance particulière, car ils s'insèrent dans une longue tradition d'essais politiques et d'œuvres littéraires ayant comme sujet l'hybridation raciale et culturelle. Dans la plupart des cas, l'hybridité est analysée comme un état d'hétérogénéité (la présence dans la même société de groupes ethniques et raciaux différents) et/ou de métissage interne (le mélange racial ou culturel de ces groupes), et elle peut, comme dans le cas de José Martí, être opposée à ce que le penseur cubain considérait comme une culture plus homogène ailleurs (en l'occurrence, aux États-Unis ou en Europe). Cependant, de nombreuses études parues récemment se penchent moins sur l'hybridité interne que sur les phénomènes interculturels de frontière (« Border theory » qui caractérise les recherches sur les Chicanos et les Mexicains au sud des États-Unis ; voir, par exemple, Michaelsen et Johnson). Ces travaux remettent en question les frontières entre cultures (les différenciations binaires entre cultures mexicaine et états-unienne, par exemple), aussi bien que les frontières étanches entre les différentes cultures intranationales que l'on retrouve dans certaines versions du multiculturalisme. Au lieu de considérer la frontière comme une ligne de démarcation absolue et comme une limite à ne pas franchir, les nouvelles théories redéfinissent la frontière comme un lieu d'interaction, d'hybridation et de transformation perpétuelle.

Cette notion diffère de façon radicale de la conception traditionnelle du mélange (racial ou autre) qui implique l'idée de contamination, d'impureté et d'infraction des lois de l'identité et de l'authenticité. Avec le questionnement de la notion d'identité culturelle pure et primordiale, cette notion d'hybridité devrait donc en toute logique devenir problématique aussi. On ne devrait plus parler d'entité culturelle hybride quand on rejette la notion d'entité culturelle tout court, car l'hybride est par définition un mélange de deux entités non-hybrides et présuppose donc une notion de pureté originelle. Par ailleurs, des anthropologues comme Jean-Loup Amselle ont remis en cause la « raison ethnologique » occidentale car elle construit des objets culturels homogènes (artificiels) à partir d'un continuum (réel) de pratiques culturelles diverses. Les ethnologues, selon Amselle, adoptent une « démarche discontinuiste qui consiste à extraire, purifier et classer afin de dégager des types » (9) :

> La posture culturaliste implique donc l'enjambement sans transition et la dislocation des « chaînes de sociétés », c'est-à-dire à la fois la mise en relation de sociétés éloignées par l'exploration ou la conquête, la sélection de traits culturels décontextualisés et la transcription de ces unités sociales discrètes que sont les différentes cultures. Or tout anthropologue ayant une réelle expérience de terrain sait que la culture qu'il observe se dissout dans un ensemble sériel ou dans un réservoir de pratiques conflictuelles ou pacifiques dont les acteurs sociaux se servent pour renégocier en permanence leur identité. Figer ces pratiques aboutit à une vision essentialiste de la culture qui à la limite est une forme moderne du racisme. (10)

Pour Amselle, qui travaille surtout sur l'Afrique, toute culture a toujours été métissée ; il postule en fait un « syncrétisme originaire, un mélange dont il est impossible de dissocier les parties » (248). J'ajouterais que la notion de métissage et de syncrétisme devraient peut-être disparaître à leur tour avec la disparition de celle de culture discrète.

Cependant, les notions de pureté et d'authenticité sont encore si profondément ancrées dans l'imaginaire social qu'on ne peut simplement rejeter celle d'hybridité (ou des idées connexes) qui les présuppose. L'hybridité reste un concept fondamental aujourd'hui pour mieux rendre compte de la culture et elle est fréquemment invoquée par des théoriciens du postcolonialisme aussi bien que par des chercheurs travaillant sur les Amériques. Par ailleurs, ce concept n'évoque plus les connotations traditionnelles dans les théories contemporaines de la différence. Plutôt que de désigner un mélange d'entités supposément pures conçues de façon essentialiste, il fait référence à l'interaction constante entre diverses pratiques culturelles dont la nature provisoire est évidente.

Dans les Amériques, les diverses « théories de la frontière » ont des implications plus générales qui ne se limitent pas à une région frontalière spécifique. À l'ère de la mondialisation, un questionnement plus étendu des frontières est de toute façon inévitable. Des concepts d'hétérogénéité statique (la mosaïque) et de métissage homogénéisant (le creuset) cèdent ainsi la place à une conception d'hétérogénéité dynamique conçue non pas comme un mélange ou une présence simultanée de différentes cultures considérées comme des entités définies et discrètes dans une société donnée, mais comme une hétérogénéité sans cesse fluctuante créée par des rapports interculturels infinis, diversifiés et constants entre individus de provenance multiple. En d'autres mots, l'accent sur l'hybridité et sur le métissage, dans leur acception traditionnelle, est en train d'être remplacé chez de nombreux chercheurs par un intérêt pour les liens rhizomatiques mondiaux et les transformations culturelles imprévisibles. Des penseurs caribéens Benítez Rojo et Édouard Glissant, par exemple, ont développé des concepts comme le chaos et la relation qui s'insèrent dans ce paradigme dynamique. Selon Glissant, la Relation est à la base même de toute culture :

> La Relation diversifie les humanités selon des séries infinies de modèles, infiniment mis en contact et relayés. Ce point de départ ne permet pas même d'esquisser une typologie de ces contacts, ni des interactions ainsi déclenchées. Il a pour seul mérite de proposer que la Relation prend source dans ces contacts et non pas en elle-même; qu'elle ne vise pas l'être, l'entité suffisante qui trouverait en soi son commencement (174).

Les critiques qui utilisent le concept de l'hybridité le redéfinissent selon de nouveaux paramètres. Néstor García Canclini, par exemple, se penche surtout sur les transformations imprévisibles suscitées par l'interpénétration de pratiques culturelles associées à des « temporalités » distinctes. Dans sa monographie sur les « cultures hybrides », il ne s'agit pas simplement de métissage culturel dans le sens traditionnel du terme, où les pratiques indigènes sont mélangées avec des pratiques européennes (comme avec la notion de syncrétisme, par exemple, ou même, jusqu'à un certain point, celles de « colonisation de l'imaginaire » et de « pensée métisse » de Serge Gruzinski), mais de pratiques diverses qui puisent librement dans tout l'arsenal culturel disponible (identifié par García Canclini comme prémoderne, moderne et postmoderne, modalités qui existent simultanément dans une juxtaposition de temporalités différentes en Amérique latine) dans un processus dynamique qui renouvelle sans cesse le paysage culturel. Si les théories postmodernes et déconstructionnistes ont influencé ces penseurs, leurs travaux sont autant informés par les changements provoqués par les migrations de masse, les communications globales, et les liens infinis qui se tissent entre tous les groupes dans une société donnée et entre toutes les sociétés du monde à l'aube du 21e siècle.

Ce changement de paradigme est aussi évident dans la littérature. Pour ne donner qu'un exemple emblématique de la transformation du concept d'hybridité comme diversité et mélange en un concept plus souple impliquant les multiples interventions de l'interculturel, je comparerai deux romans de voyage à travers la jungle écrits à des époques différentes. Ce motif présuppose d'emblée l'existence de deux mondes

—le barbare et le civilisé— dont l'un fait l'irruption dans l'autre. Les modalités de coexistence de ces deux mondes peuvent être très différentes et illustrer des conceptions diverses de la différence interne. L'une des œuvres embématiques du voyage dans la jungle en Amérique latine est *Le partage des eaux* de l'écrivain cubain Alejo Carpentier (1953), dans lequel le narrateur entre en contact avec des cultures décrites comme radicalement différentes et isolées, toutes dans une relation d'altérité absolue vis-à-vis du protagoniste instruit et occidentalisé. Dans *La nieve del Almirante* du Colombien Álvaro Mutis (1986), en revanche, le voyage à travers la jungle permet au narrateur de rencontrer des personnes à identité indéfinissable arrivées récemment de diverses parties du monde (y compris le Canada) et ayant des origines multiraciales et multiculturelles aussi bien qu'un passé mouvementé comme celui du narrateur lui-même. Ces deux romans illustrent deux paradigmes différents de l'hybridité qu'on pourrait également associer à deux visions du monde : l'une moderne (mais déjà sur le seuil de la postmodernité) et l'autre postmoderne.

Le roman de Carpentier s'insère parfaitement dans un discours plus traditionnel sur l'hybridité (comme hétérogénéité et métissage) et sur la différenciation absolue et essentialiste entre cultures d'origine. Les habitants de la grande ville nord-américaine où vit le narrateur au début du roman symbolisent l'être moderne par excellence — celui qui remplit ses journées vides de sens par un travail stérile qui fonctionne cependant comme narcotique abrutissant l'empêchant de trop penser à la vacuité de son existence. L'épouse du narrateur joue le même rôle ennuyeux dans un théâtre médiocre depuis des années : « elle répétait encore les mêmes gestes, les mêmes mots, tous les soirs de la semaine, tous les après-midi du dimanche, du samedi, des jours fériés », se laissant « porter par l'automatisme du travail prescrit » (12) dans son théâtre qui ressemble à « une prison où elle aurait purgé une condamnation a vie » (13). Les rapports conjugaux se résument à un « devoir d'époux », une « obligation » hebdomadaire (13) ponctuant les journées ternes que le narrateur passe dans son bureau où dans des soirées fades et superficielles entre amis. Comme Sisyphe — et le symbole est explicitement évoqué dans le roman — le narrateur, ainsi que tous ses concitoyens (y compris les intellectuels et les artistes), vivent dans la superficialité et accomplissent des tâches inutiles et répétitives.

Trop abruti pour sortir de ce cycle infernal, le narrateur doit être poussé vers le changement par le curateur de musée (le seul individu qui s'enthousiasme pour son travail) qui le convainc d'entreprendre un voyage à travers la jungle amazonienne à la recherche des origines de la musique. Au fur et à mesure qu'il pénètre dans la jungle, le narrateur rencontre des sociétés qui vivent à différents stades du passé. Il passe par des villages qui lui rappellent la Renaissance, le Moyen Âge, et ainsi de suite jusqu'à l'Âge de Pierre, où vit l'homme primitif, authentique et pur qui nous rappelle le stéréotype du bon sauvage. Le narrateur lui-même change pendant son voyage – mais pas complètement, puisqu'il décide de revenir chercher du papier, symbole de la civilisation occidentale, et perd ensuite toute trace du paradis terrestre. Ce qui est significatif dans ce roman est l'étanchéité des cultures, s'égrenant dans leur différence absolue comme un chapelet de perles multicolores le long du trajet suivi par le narrateur. L'homme primordial (l'Indien) qu'il retrouve à la fin de son périple vit dans un isolement presque total où sa culture reste immuable. Même la petite communauté fondée par le Gouverneur à Santa Monica de los Venados reste à l'état des débuts de la Colonie et s'adapte au rythme pénible des saisons de pluie dans la jungle. Quant aux Indiens éloignés chez qui le missionnaire se rend pour les convertir, ils le tuent et le renvoient, affreusement mutilé, dans un bateau qui le ramènera aux régions habités par les Blancs. Tandis que la compagne initiale du narrateur (qui s'appelle Mouche), ne peut se défaire de son comportement de femme de la ville moderne et retourne bientôt à la civilisation, Rosario, sa nouvelle compagne métisse, ne peut comprendre le désir que manifeste constamment et de façon insistante le narrateur pour l'écriture. Dans ce roman, l'Amérique est conceptualisée comme une société hybride (hétérogène, diversifiée) où les altérités coexistent comme les morceaux d'une mosaïque. Même les métis (Rosario et son nouveau compagnon Marc) entrent sans problème dans la mosaïque, comme membres relativement privilégiés se situant entre les Indiens et les Blancs à Santa Monica de los Venados.

On ne peut nullement parler ici d'interpénétration culturelle, mais de raison ethnologique telle que définie par Amselle, superposée à une différenciation basée sur une échelle évolutionniste – la simultanéité des temporalités dans une société donnée, comme l'exprime clairement le narrateur vers la fin du roman :

> J'ai voyagé à travers les âges ; je suis passé à travers des corps d'une autre époque quoique contemporaine [...] L'âge de la pierre, de même que le Moyen Âge, s'offrent encore à nous à notre époque. Les demeures ombreuses du romantisme s'ouvrent encore avec leurs amours difficiles (369-370).

Mais la barrière la plus infranchissable se dessine entre l'homme moderne réflexif, qui essaie de comprendre le monde, et l'homme naturel qui ne fait que vivre :

> Les mondes nouveaux doivent être vécus, avant d'être expliqués. Ceux qui vivent ici ne le font pas par conviction intellectuelle. Ils croient tout simplement que la vie supportable est celle-ci et non une autre. [...] L'homme qui s'efforce de trop comprendre, souffre les

> angoisses d'une conversion [...] est un homme vulnérable, car certaines puissances du monde qu'il a laissées derrière lui continuent d'agir sur son être (369).

Le narrateur, dont l'autoréflexivité correspond au portrait de l'homme appartenant à un Occident décadent peint par Oswald Spengler, ne peut échapper définitivement à sa condition. Le renouveau qu'il espère trouver dans le « limon primitif » (369) et qui lui permettrait de créer une musique originale reste à jamais interdit, car la faille de l'homme moderne, ce désir de réfléchir et de créer sur papier (un thrène dans le cas du narrateur musicologue de Carpentier), doit irrémédiablement l'arracher du monde du Néolithique (expression utilisée à plusieurs reprises par le narrateur) pour trouver les outils de sa passion. Ce dénouement très significatif symbolise mieux que tout autre passage du roman la distance infranchissable qui sépare les deux mondes. Tout contact interculturel reste stérile et limité dans le temps, car les hommes modernes sont condamnés à retourner à leur monde sans transformation majeure : l'esquisse du manuscrit du thrène avec lequel il voulait révolutionner la musique occidentale devenue stérile est restée chez Rosario et devenue inaccessible à jamais.

Cet échec du primitivisme est explicitement évoqué par le narrateur quand il se moque des artistes contemporains à la recherche d'inspiration dans des cultures non-occidentales. Ceux-ci cherchent en effet à

> trouver le secret d'une éloquence perdue, avec la même nostalgie d'énergies instinctives qui faisait rechercher à beaucoup de compositeurs de ma génération, dans l'abus des instruments de batterie, la force élémentaire des rythmes primitifs. Pendant plus de vingt ans, une culture fatiguée avait essayé de se rajeunir, de puiser de nouvelles sèves dans l'aliment d'une ferveur qui ne dût rien à la raison. Mais je trouvais risible maintenant la tentative de ceux qui brandissaient des masques de Bandiagara, des marassas africains, des fétiches hérissés de clous, contre les citadelles du *Discours de la Méthode*, sans connaître la signification réelle des objets qu'ils avaient entre les mains. Ils cherchaient la barbarie dans des choses qui n'avaient jamais été barbares quand elles accomplissaient leur fonction rituelle dans leur atmosphère propre ; et ces choses, qualifiées de barbares, plaçaient précisément celui qui les nommait ainsi sur un terrain de raisonnement cartésien opposé à la vérité poursuivie (338-339).

Mais même si le narrateur a pu observer les cultures différentes directement en se rendant dans la jungle, ce qui lui a appris, selon lui-même, infiniment plus que toute érudition livresque, il reste de ce côté-ci de la raison, selon sa propore distinction binaire. Sa réflexivité d'homme moderne, qui apparaît à chaque page de son roman, l'empêche finalement d'accéder à une mentalité autre. S'il réussissait à le faire, il resterait simplement chez les Indiens et deviendrait comme eux, préservant ainsi la dichotomie entre le monde d'ici et celui d'ailleurs.

Mais la séparation infranchissable entre cultures caractérise également l'Occident, dont les sociétés ne peuvent même pas s'inspirer de leurs traditions passées, comme si les époques qui se suivent restaient chacune cantonnées dans leur passé inaccessible :

> Ici, lorsqu'ils se marient, ils échangent des anneaux, paient des arrhes, reçoivent des poignées de riz sur la tête, sans connaître la symbolique valeur millénaire de leurs propres gestes. [...] Ils mettent leur orgueil à conserver des traditions dont l'origine est oubliée, qui se réduisent la plupart du temps à l'automatisme d'un réflexe collectif, à recueillir des objets d'un usage inconnu, couverts d'inscriptions qui ont cessé de parler depuis quarante siècles. Dans le monde où je vais retourner, en revanche, on ne fait pas un geste dont le sens soit inconnu (335-336).

Pour les Indiens de Carpentier les traditions sont vivantes précisément parce qu'elles n'ont pas évoluée. Mais l'évolution dans l'Occident instaure des différences absolues entre présent et passé (et entre Occident et monde non-occidental). Comme l'a fait remarquer Johannes Fabian, les «primitifs» ont toujours été considérés comme des témoins contemporains de nos propres ancêtres. Comment pouvons-nous donc croire que l'accès à notre passé en Occident (les traditions dont parle le narrateur de Carpentier) serait plus facile que l'accès des primitivistes aux cultures indigènes? Plutôt que l'absence de profondeur, dont parle Fredric Jameson (20) dans son essai sur la postmodernité, ce serait donc l'impossibilité de dépasser notre culture (et d'aller vers l'autre culturel ou l'autre temporel chez nous) qui caractérise notre ère postmoderne.

Cependant, l'hybridité reste une valeur dans la plupart des écrits de Carpentier, y compris dans ce roman où la métisse Rosario incarne la femme idéale. Dans ses essais, Carpentier s'extasie fréquemment sur les hybridations du continent latino-américain, avec ses divers styles architecturaux et sa juxtaposition de pratiques culturelles diverses. Dans *Le partage des eaux*, Rosario incarne non seulement la femme idéale, mais aussi le mélange idéal de races selon un idéologème du métissage qui revalorise ce que les théories racistes avaient souvent considéré comme une contamination raciale :

> Plusieurs races évidemment se rencontraient dans cette femme, Indienne par les cheveux et les pommettes, méditerranéenne par le front et le nez, noire par la rondeur solide des épaules et une ampleur particulière de la hanche [...]. De fait, cette vivante somme de races était racée [...] cette voyageuse surgie de la lande et du brouillard n'avait pas plus de sang mêlé que les races qui s'étaient métissées pendant des siècles dans le bassin méditerranéen. Plus encore : j'en venais à me

> demander si certain amalgames de races mineures, sans transfert de souches, étaient bien préférables aux formidables rencontres qui avaient eu lieu dans les grands centres de brassage d'Amérique, entre Celtes, Noirs, Latins, Indiens, et même, tout au début, « nouveaux chrétiens » (110).

Mais cette image correspond tout à fait à un discours du métissage traditionnel qui souligne la présence et le mélange des trois races principales en Amérique latine: la blanche, la noire et l'indienne.

Les romans de Mutis, écrits à la fin du 20e siècle, semblent s'insèrer dans un paradigme tout autre. En premier lieu, le primitivisme de Carpentier, qui cherche dans des cultures non-occidentales des styles de vie authentiques et qui évoque avec nostalgie des valeurs traditionnelles (la fidélité, l'honneur, la définition simple des rôles sexuels, la sincérité), est absent des romans de l'auteur colombien. Maqroll el Gaviero, personnage principal de *La nieve del Almirante* qui revient dans plusieurs autres oeuvres de Mutis, est résolument désabusé et sceptique face aux grands récits du progrès aussi bien que devant les mythes de l'El Dorado, du paradis perdu, du bon sauvage et du retour aux sources. Si le roman de Carpentier se situe au seuil d'une conscience postmoderne par sa problématisation du retour aux sources, même s'il adhère encore aux grands mythes primitivistes ayant accompagné la conscience moderne en la critiquant de l'intérieur, les récits de Mutis rejettent toute illusion. Non seulement le progrès est-il illusoire (les scieries ultra-modernes nous rappelant un monde de science-fiction n'ont jamais servi dans *La nieve del Almirante*), mais il est inaccessible à la plupart des êtres humains qui vivent dans la terreur des bains de sang perpétuels, dans la crasse et le délabrement des tavernes et des bordels miteux ou sur des bateaux qui ressemblent à des ruines flottantes. La nature vierge est représentée comme désagréable et dangereuse, provoquant non seulement l'inertie et l'engourdissement mais aussi la malaria, les Indiens sont décrits comme dégoûtants, les grandes villes du monde sont d'une tristesse ineffable, et la religion peut apporter peu de secours à ceux qui n'y croient plus depuis longtemps. Même le suicide n'a aucun sens pour le protagoniste.

Quant aux frontières entre cultures, les romans de Mutis sont à prime abord aussi sceptiques à leur égard qu'envers les mythes et les grands récits. Les contacts interculturels vastes et diversifiés qu'établissent les personnages principaux interdisent apparemment toute notion de culture discrète et définie. Maqroll el Gaviero, qui est polyglotte, possède une origine incertaine et a voyagé partout dans le monde, symbolise mieux qu'aucun autre personnage de la littérature latino américaine l'homme de l'ère nouvelle. Plus qu'une figure de juif errant ou de *drifter* qui constitue l'exception plutôt que la règle, Maqroll incarne la condition de nombreuses personnes aujourd'hui qui ne peuvent s'identifier exclusivement à une seule culture, qui s'adaptent n'importe où et dont les souvenirs les transportent quotidiennement à plusieurs endroits. Contrairement à l'immigrant traditionnel, qui se remémore avec nostalgie son pays d'origine et finit souvent par se refaire un imaginaire lié à la société d'accueil, Maqroll évoque sans arrêt, et sans nostalgie, dans la plupart des œuvres dans lesquelles il apparaît, les diverses expériences de sa vie passée comme marin dans d'innombrables endroits et ne finit jamais par reterritorialiser son imaginaire de façon définitive dans un endroit précis. Chaque observation des lieux parcourus dans la cordillère ou la jungle peut donner lieu à une évocation du passé vécu ailleurs, qui est souvent aussi présent que la société ou le paysage qui l'entourent. Dans *La Nieve del Almirante*, il rêve des personnes qu'il a connues dans le passé, dans son sommeil aussi bien que dans les réflexions confiées à son journal intime écrit lors de son voyage dans la jungle. Même l'histoire de France, en l'occurrence la vie du Duc d'Orléans, l'accompagne pendant tout son périple et occupe sa pensée pendant de nombreuses heures comme s'il s'agissait de souvenirs d'amis intimes ou de femmes aimées. Quant aux scieries, elles lui rappellent des structures qu'il a vues au bord du lac de Constance, de la Mer du Nord, de la Mer Baltique, des ports de la Louisiane ou de Colombie-Britannique (106). Tous les phénomènes s'insèrent dans un réseau infini de liens mémoriels, car aucun d'entre eux n'existe de façon isolée. Maqroll recombine toujours les différents vécus dans un enchevêtrement rhizomatique qui rend impossible toute conceptualisation radicalement discontinue du monde. La notion d'hybridité, où des cultures spécifiques et identifiables coexistent et peuvent entretenir des liens (ou même produire des pratiques ou des personnes hybrides), est ici remplacée par une notion de réseau donnant lieu à des figurations nouvelles, et où aucune composante ne peut être considérée comme identique à elle-même, car elle contient déjà une altérité infinie dans la subjectivité de l'observateur.

Ce ne sont pas seulement les liens établis par Maqroll entre divers lieux conservés dans sa mémoire qui rend impossible toute pensée du discontinu. C'est aussi l'identité des personnages principaux qu'il rencontre dans son voyage périlleux sur le fleuve Xurandó dans *La nieve del Almirante* pour trouver les scieries mystérieuses et inaccessibles (qui nous rappellent *Le Château* de Kafka) et faire le commerce du bois. Tandis que le narrateur carpentérien, homme moderne par excellence, rencontre des Indiens au fond de la jungle, Indiens qui représentent en quelque sorte l'essence même du Nouveau Monde, aussi bien que l'homme authentique et naturel de l'imaginaire primitiviste, Maqroll rencontre plusieurs individus qui ne sont pas seulement étrangers, mais aussi d'origine incertaine ou multiple. Son compagnon de voyage est un géant blond à l'accent slave (18) appelé Ivar, à qui Maqroll parle en allemand et qui prétend être originaire d'Estonie. Le capitaine de la barque est né à Vancouver de père blanc et de mère indienne et a passé de nombreuses années dans les Caraïbes, où un capitaine allemand lui a appris son métier. Dans un bordel dirigé par une métisse de parents hollandais, noirs et hindous à Paramaribo, il a ensuite rencontré une Chinoise avec qui il s'est enfui en Allemagne avant d'échouer à Cadiz et de revenir finalement en Amérique latine (34-36). Quant aux propriétaires des scieries qui constituent le but du voyage de Maqroll après un long périple en amont du fleuve, ils sont supposément finlandais (74).

Même si l'étranger n'est pas absent chez Carpentier — on pense au chercheur de diamants grec Yannes, qui se promène avec une copie de l'*Ulysse* d'Homère sous le bras, ou à la Canadienne que rencontre Mouche dans la capitale du pays latino-américain où le narrateur commence son voyage vers la jungle — il a une importance relativement secondaire dans le contexte d'une histoire située dans ce continent d'immigration. La multiplicité ethnique dans le roman de Carpentier est circonscrite aux mélanges habituellement évoqués, et le monde décrit par le narrateur est partagé entre Indiens, Noirs, métis, mulâtres et quelques étrangers qui se rendent occasionnellement chez eux. Chez Mutis, en revanche, les hybridations sont illimitées, aussi bien que les lieux où les personnages ont vécu et les origines ethniques de leurs amis et connaissances. Dans le recueil de trois récits intitulé *Tríptico de mar y tierra* (1993), les personnages se déplacent même en Asie, et Maqroll joue le rôle d'un père pour un enfant arabophone à Majorque.

Dans *La nieve del Almirante*, l'intérieur du continent ne symbolise nullement l'authenticité et la pureté, comme dans de nombreux récits latino-américains. Chez le romancier argentin Eugenio Cambaceres, par exemple (*Sin rumbo*, 1885), la pampa éloignée représentait la vie traditionnelle et véritable de l'Argentin non contaminé par le cosmopolitisme et les étrangers à Buenos Aires, qui ont mené la capitale à la dégénérescence totale. Mais chez Mutis, la jungle abrite l'étranger aussi bien que les habitants hispanophones et les Indiens. Le périple périlleux de Maqroll ne constitue même pas une épreuve initiatique qui le change à jamais (103, 114), comme l'a fait le voyage dans le cas du protagoniste du *Partage des eaux*. Chez Mutis, la traversée de la jungle constitue simplement une expérience inutile, dangereuse et désagréable. Dans son roman *Un bel morir* (1989), Maqroll ne trouve pas non plus une identité authentique à l'intérieur du pays, car les trafiquants d'armes au sommet de la cordillère sont tous des étrangers aux origines incertaines.

Par ailleurs, la dichotomie établie entre la ville et la campagne (ou, comme chez Mutis, la jungle, la pampa et la cordillère) ne tient plus, ni la dichotomie entre civilisation et barbarie. Dans *La nieve del Almirante*, le major des forces armées déconstruit ainsi ces dichotomies quand il dit à propos de la jungle : « En soi elle n'a rien d'inespéré, rien d'exotique, rien de surprenant. [...] Un jour elle disparaîtra sans laisser de traces. Elle se remplira de chemins, d'usines, de gens prêts à servir d'ânes à cette bagatelle prétentieuse qu'on appelle le progrès » (70)[1]. Elle n'a pas d'essence immuable, mais constitue un lieu en transformation. Le voyage périlleux sur le Xurandó n'a pas amené le protagoniste au cœur même de la société primitive, comme chez Carpentier, car les scieries, décrites comme une « merveille gothique d'aluminium et de crystal »[2], illuminée par l'électricité (107), ressemblent aux installations les plus modernes d'Europe et d'Amérique du Nord.

Un parallèle évident s'établit entre la jungle et l'identité culturelle, car les deux ont un statut provisoire et accueillent l'autre en eux-mêmes. Loin d'être le représentant du bon sauvage, vivant près de la nature, le mécanicien indien connaît mieux que quiconque le fonctionnement des machines, ce qui suscite ces réflexions chez le narrateur :

> C'est fascinant le savoir patient avec lequel cet Indien, sorti des régions les plus perdues de la jungle, réussit à s'identifier à un mécanisme inventé et perfectionné dans des pays dont la civilisation avancée est basée presque exclusivement sur la technique. Les mains de notre mécanicien bougent avec une telle habileté, qu'elles semblent dirigées par un esprit tutélaire de la mécanique, complètement étranger à cet aborigène au visage difforme et mongol et à la peau lisse comme un serpent (78-79)[3].

Cependant, cette description choquante, qui correspond aux stéréotypes de l'Indien comme peu évolué (mais qui est capable d'apprendre à travailler avec ses mains de façon habile) semble plus reliée à un paradigme traditionnel de l'hybridité, souvent considérée comme un scandale, comme un mélange qui choque, selon des conceptions raciales du 19e siècle.

En effet, la conception fluide de l'hybridité infinie qui s'applique à la représentation de Maqroll aussi bien qu'à celle du Capitaine est absente dans la description des autres Indiens. Les quatre indigènes qui montent sur la barque semblent relégués à tout jamais à l'extérieur du

---

[1] « En sí no tiene nada de inesperado, nada de exótico, nada de sorprendente. [...] Un día desaparecerá sin dejar huella. Se llenará de caminos, factorías, gentes dedicadas a servir de asnos a esa aparatosa nadería que llaman progreso. »

[2] « gótica maravilla de aluminio y cristal. »

[3] « Fascinante la paciente sabiduría con que este indio, salido de las más recónditas regiones de la jungla, consigue identificarse con un mecanismo inventado y perfeccionado en países cuya avanzada civilización descansa casi exclusivamente en la técnica. Las manos de nuestro mecánico se mueven con tal destreza, que parecen dirigidas por algún espíritu tutelar de la mecánica, extraño por completo a este aborigen de informe rostro mongólico y piel lampiña de serpiente. »

réseau complexe d'interpénétration culturelle reliant d'autres personnages du roman. Comme s'ils n'étaient jamais entrés en contact avec d'autres cultures, ils ont conservé toutes les caractéristiques stéréotypées du sauvage. Ces Indiens ne peuvent pas communiquer avec les autres passagers, car ils ne parlent que leur propre langue, ils ne portent pas de vêtements, ont des dents aiguisées, mangent des herbes, des poissons et des reptiles crus, transportent des flèches enduites de curare, et ne se lavent pas, dégageant par conséquent une odeur pestilentielle qui fait vomir Maqroll. Ils sont décrits non seulement comme un peuple différent, ayant des coutumes surprenantes pour les Occidentaux, mais aussi comme une espèce différente, entre l'animal et le végétal. La femme, par exemple, a des chairs molles qui ne ressemblent en rien, selon le narrateur, à des formes feminines, et elle fait montre d'une « placidité végétale immobile » (22)[4]. Ces Indiens sont restés à l'Âge de la pierre en dépit de leurs contacts avec les Occidentaux, et leur comportement est même considéré comme une menace pour la civilisation, car les passagers de la barque risquent, selon le capitaine, de suivre leur exemple, au moins en ce qui concerne la promiscuité et la sodomie. Ce thème nous rappelle les discours sur la dégénérescence de l'homme civilisé, si répandus dans la littérature de voyage dans les terres « primitives ».

    Les Indiens sont aussi associés à un territoire particulier. Le mécanicien Miguel, par exemple, se sent perdu et de mauvaise humeur quand la barque quitte la jungle (100). Mais le lien entre les Indiens et la géographie va encore plus loin : « Non seulement le mécanicien représente-t-il parfaitement la jungle, mais il est fait de sa substance même. Il est une prolongation amorphe de cet univers funeste et sans visage » (113)[5]. Il est hautement significatif que l'Indien meure dans un naufrage en redescendant le fleuve, car il a enfreint les lois naturelles qui régissent ses déplacements. Quant aux étrangers, il les enfreignent autant en pénétrant dans la jungle. Le Capitaine aux origines multiples se suicide, Ivar et le premier pilote (dont les origines ne sont pas précisés) sont jetés de l'hélicoptère par les militaires, et Maqroll retourne aux montagnes, où, insiste-t-il, il se sent chez lui : « Je suis de là, et maintenant je le sais avec la plénitude de celui qui, à la fin, rencontre l'endroit de ses affaires sur terre » (88 ; voir aussi 87)[6]. Par ailleurs, le major de l'armée lui avait dit à maintes reprises que la jungle et les terres plus hautes vers lesquelles il dirige son voyage ne sont pas pour lui. La pensée du dis-

---

[4] « inmóvil placidez vegetal. »

[5] « El mecánico, no sólo la representa cabalmente, sino que está hecho de su misma substancia. Es una prolongación amorfa de ese universo funesto y sin rostro. »

[6] « De allá soy, y ahora lo sé con la plenitud de quien, al fin, encuentra el sitio de sus asuntos en la tierra. »

continu est donc bien présente dans la description de la jungle, dont tous les étrangers sont expulsés à la fin du roman (comme chez les Indiens éloignés et féroces du roman de Carpentier, qui tuent le missionnaire et renvoient son corps chez les Blancs).

Tandis que le portrait du mécanicien correspond à l'image négative de l'hybride humain, la juxtaposition des scieries ultra-modernes avec les Indiens préhistoriques qui ne semblent même pas avoir découvert le feu illustre un paradigme d'hybridité basé non pas sur l'idée de mélange ou de métissage, mais sur celui de diversité culturelle extrême dans une société marquée par la coexistence incongrue du prémoderne et du moderne. Les scieries, décrites comme un « édifice inconcevable » (106)[7] choquent, car elles ne sont pas à leur place : « L'impression d'irréalité, d'intolérable cauchemar d'une telle présence au milieu de la nuit équatoriale, ne m'a laissé guère dormir [...] » (106)[8]. La machine rutilante et mystérieuse rencontrée plus tard par Maqroll dans une mine abandonnée provoque une réaction similaire (122). Contrairement au roman de Carpentier, cependant, les Indiens de Mutis ne sont pas rencontrés à la fin du périple, mais au début, tandis que l'ultra-moderne se retrouve à la fin dans un renversement explicite du paradigme carpentérien.

Il est évident que les romans de Mutis n'ont pas rejeté totalement les paradigmes traditionnels de l'hybridité, tout en témoignant d'une conception nouvelle dans leur déconstruction explicite de certains topoï tels l'intérieur du continent comme synonyme d'authenticité et d'identité, le retour aux origines (Maqroll ne retrouve que des ruines au lieu de l'endroit de ces rêves, qu'il idéalise parfois comme son véritable lieu d'appartenance) et la recherche de l'or (les malheureux qui s'évertuent à poursuivre cette quête meurent de faim, de maladie et d'épuisement auprès de la mine vers la fin du roman), ainsi que dans leur représentation de la subjectivité déterritorialisée et transculturelle de Maqroll. Les romans se situent à cheval entre une pensée discontinuiste, pour reprendre le concept de Amselle, où les cultures se différencient et où leur mélange surprend, et une pensée continuiste, qui n'établit plus de frontières absolues entre entités culturelles considérées comme des touts homogènes, mais qui s'intéresse plutôt aux multiples liens qui unissent les individus différents et donnent naissance à des pratiques culturelles nouvelles.

---

[7] « edificio inconcebible. »

[8] « La impresión de irrealidad, de intolerable pesadilla de tal presencia en medio de la noche ecuatorial, apenas me permitió dormir [...]. »

Bibliographie

Amselle, Jean-Loup, *Logiques métisses. Anthropologie de l'identité en Afrique et ailleurs*, Paris, Payot, 1990.

Benítez-Rojo, Antonio, *La isla que se repite: El Caribe y la perspectiva posmoderna*, Hanover, N.H., Ediciones del Norte, 1989.

Cambaceres, Eugenio, *Sin rumbo*, Bilbao, Servicio editorial de la Universidad del País Vasco, 1993.

Carpentier, Alejo, *Le partage des eaux*, traduit par René L.F. Durand, Paris, Gallimard, 1956.

Fabian, Johannes, *Time and the Other: How Anthropology Makes its Object*, New York, Columbia University Press, 1983.

García Canclíni, Néstor, *Culturas híbridas*, Mexico, Grijalbo, 1990.

Glissant, Édouard, *Politique de la relation*, Paris, Gallimard, 1990.

Gruzinski, Serge, *La colonisation de l'imaginaire*, Paris, Gallimard, 1988.

Gruzinski, Serge, *La pensée métisse*, Paris, Arthème Fayard, 1999.

Jameson, Fredric, *Postmodernism, or, The Cultural Logic of Late Capitalism*, Durham, N.C., Duke University Press, 1991.

Michaelsen, Scott et David E. Johnson (dir.), *Border Theory: The Limits of Cultural Politics*, Minneapolis et Londres, University of Minnesota Press, 1997.

Mutis, Álvaro, *Un bel morir*, Madrid, Mondadori, 1989.

Mutis, Álvaro, *La nieve del Almirante*, Madrid, Alianza, 1986.

Mutis, Álvaro, *Tríptico de mar y tierra*, Bogotá, Norma, 1993.

Déplacements épistémologiques dans les littératures et les médias des Amériques

Patrick Imbert
Université d'Ottawa

> « I make the same demands of people and fictional texts, petit- that they should be open-ended, carry within them the possibility of being and of changing whoever it is they encounter.»
> (Patricia Duncker, *Hallucinating Foucault*, p. 107.)

Littérature et changements épistémologiques

> « La deconstrucción postmoderna es a un nivel particular una lectura superpuesta, una *para-lectura*, que tiene por fin el emplear otros textos como base de motivación hasta el punto de hacer olvidar o eliminar este punto de partida. La deconstrucción es leer no creyéndole al texto, sino cuestionando todo, es ir a la traza más lejana, pero sin querer jamás dar un juicio definitivo, sino ofrecer una hipótesis.»
> (Alfonso de Toro, « El productor "rizomórfico" y el lector como "detective literario" », p. 150.)

« What at present preoccupies scholars and students in the literary humanities is clear: the lack of interaction between their profession and the mainstream of society. » (Hartman : 1980: 284) Ceci a été écrit en 1980 et le problème s'est aggravé. Pourquoi? Parce que, en général, les institutions scolaires et universitaires et leurs représentants fonctionnent encore dans une logique de la transmission d'un canon historique, celui qui, comme le souligne Even-Zohar (1996), a servi à constituer, par le biais de l'école gratuite et obligatoire, la logique monosémique et dualiste du consensus autour de la légitimité de l'État-Nation. À cette logique monosémique jouant des exclusions fondées sur le rationalisme pratique, se sont attachés des paradigmes comme le célèbre barbarie/civilisation du *Facundo* de Sarmiento qui ont exclu les autres, les Autochtones non-civilisables par exemple (Imbert, Rizzo : 2000). À ces paradigmes se sont ajoutées les constructions de la monosémie consensuelle affirmant que tous les citoyens étaient au moins égaux en droit alors que, dans beaucoup de pays, les femmes n'ont obtenu le droit de vote qu'aux alentours de la Deuxième Guerre mondiale. Petit à petit donc, malgré les efforts pédagogiques, discursifs et politiques pour faire croire au consensuel, les États-Nations et les nations se sont révélés comme des lieux où se maintenaient des différences séparées par un passé supposé commun mais reposant souvent sur l'exclusion. Le consensus était lié à un discours fondé sur l'illusion et le mensonge.

Par rapport à ce type de discours propre à la modernité, un nouveau discours postmoderne/postcolonial se manifeste. La collectivité y est conçue comme mettant ensemble des individus aux passés différents et au présent à bâtir dans le temporaire de consensus partiels toujours à renouveler en fonction d'un avenir qui pourrait être commun. Ce discours met en marche une logique de la différence dans la compétition dans des sociétés multiculturelles et multidiscursives où la légitimité du déplacement, apanage des nobles, des riches et des gens cultivés, il n'y a pas si longtemps, remplace l'obligation à l'enracinement. Celui-ci se couplait à l'attachement émotionnel à un lieu dont les richesses communautaires herméneutico-sémantiques étaient présentées comme partagées, d'une part par ceux qui réussissaient à s'inscrire dans la dynamique de la grande révolution du XIXe siècle, celle du droit à la propriété, et, d'autre part, par les autres, les non-propriétaires[1].

À l'ère postmoderne/postcoloniale, ce qui est recherché par les millions de personnes ayant terminé l'école secondaire, le collège ou l'université, n'est pas un canon, mais un accès à des savoirs complexes diffusés selon des formes esthétiques et ludiques permettant le développement de la réflexion critique dans le plaisir. C'est ce que démontrent des succès comme les 6 millions d'exemplaires vendus du *Monde de Sophie* de Jostein Gaarder ou les 15 millions du *Nom de la rose* de Umberto Eco. Dans le monde des rencontres interculturelles, de la vitesse, de la multiplication des médias et des stimulations culturelles (García Canclini : 1992), le rôle du discours littéraire a changé. Il n'a pour but ni la transmission du canon ni l'appréciation d'une signification unique et orthodoxe donnée par un spécialiste. Il ouvre plutôt au multiple par le biais de la circulation des traductions et aussi par les techniques mises en œuvre par des écrivains, annonceurs des transformations épistémologiques en cours. De Borges à Robbe-Grillet, se met en marche un processus qui court-circuite la lecture monosémique qui est à la base de l'objectivité du sens. Le déplacement par la description des objets dans les romans de Robbe-Grillet, par exemple, est l'élément qui ouvre à la prise en charge d'une perception construisant le monde, qui n'est ni naïve ni liée à une transparence (Rorty : 1989). La perception est, en

---

[1] Cette grande illusion n'a pas été partagée par tous et a trouvé deux échappatoires. L'émigration dans les Amériques afin de devenir propriétaire ou bien le collectivisme politico-économique dont le principal représentant fut Marx.

effet, immédiatement culturalisée et produite par les discours ambiants. Dans d'autres cas, comme dans *Les confessions d'une mangeuse de lune* de Hélène Bezençon, la prolifération des voix et des discours multiplie les points de vue et dédouble les personnalités suivant les contextes. De plus, les auteurs mettent souvent en scène la production de significations par des personnages lecteurs, des narrataires confrontés à des textes différents. *La lectrice* de Raymond Jean ou *Balzac et la Petite Tailleuse chinoise* de Dai Sijie manifestent ainsi une réception de textes qui n'a rien de passif. La réception est une production tactique ou stratégique à partir 1/d'intertextes plus ou moins éloignés de leurs lieux culturels et 2/de cacophonies discursives ambiantes et contradictoires, suppléant aux creux et aux indéterminations textuelles (Iser : 1970). Dès lors, les narrataires sont des exemples de personnages producteurs de significations nouvelles, non canoniques à partir d'un texte. Ils donnent l'exemple de l'utilisation des ressources herméneutiques qui permettent, par la comparaison de discours divers, de produire des énoncés nouveaux. C'est ce que met en scène le roman *Self* du montréalais Yann Martel. Ainsi, on nous propose la phrase suivante : « Pourquoi Georgie est-il mort ? » (p. 113). On y souligne que, pour un médecin, il s'agit d'une question valide qui comporte une réponse valide : « leucémie infantile ». Par contre, pour la mère, la réponse médicale n'est pas valide, car elle ne pose pas vraiment une question mais une pseudo question qui est une assertion déguisée. « En demandant: "pourquoi Georgie est-il mort ?"ce qu'elle dit c'est : "Je ne peux pas accepter cette perte". » (p. 114) La signification varie donc considérablement selon le lieu d'énonciation et le rapport de pouvoir au langage et au savoir qui se marque chez le sujet parlant.

Autrement dit, l'important de nos jours est d'accumuler des savoirs différenciés dans le plaisir ludique. Ceci ne peut se faire que dans la prise en charge de livres qui ouvrent les lecteurs et lectrices à un processus inscrit dans la pratique de la productivité de significations multiples liée à la réflexivité et au jeu intertextuel. Cette pratique permet entre autres, de repositionner la réalité extérieure qui est produite par des discours partagés et qui est issue des activités désinformatives des institutions étatiques, médiatiques, historiques ou pédagogiques niant la disparition de l'autre (Cortázar, García Márquez et tout le genre Testimonio donnant une voix aux oubliés). C'est ce que souligne James Baldwin dans *The Fire next Time* lorsqu'il affirme que « Color is not a human or a personal reality; it is a political reality » (p. 103). C'est aussi ce que souligne Agamben pour le paradigme cru biologique comme vie/mort mais dont les définitions et les applications sont politiques (1997 : 173-178). Dans ce cadre où est soulignée la perte du référent et de l'objectivité sous l'action conjuguée des activités désinformatives et des remises en question des canons historique comme littéraire, se mettent en marche des processus d'accès au symbolique et au culturel par l'exploration de l'autoréflexivité et de la productivité sémantique. Cette autoréflexion est bien différente du métalangage tel que compris dans le contexte de la modernité[2]. En effet, il ne peut y avoir métalangage au sens de la modernité, c'est-à-dire en tant qu'instrument scientifique qui prendrait en charge un langage objet à un palier supérieur. Dans l'ère postmoderne/postcoloniale, il n'y a pas de métalangage mais des discours spécialisés qui peuvent être vulgarisés et dont les apriori confrontent les apriori et les fonctionnements des discours publics. La fonction métalinguistique est donc déplacée. Se manifeste alors une série de jeux autoréflexifs contextualisant/décontextualisant qui permettent de confronter plusieurs productions sémantiques différentes ou contradictoires afin d'en produire de nouvelles en une visée productrice et autoréflexive quasi permanente.

Médias et changements

Étant donné que dans le domaine des relations sociales et humaines il n'y a pas d'objectivité mais des rapports de pouvoir fondés sur le canonique et le consensus, il n'y a pas de version vraie d'un texte mais accord temporaire sur ce que le texte invite à faire. Cette situation est en place dans les médias qui affirment désormais moins (sauf dans des buts stratégiques) l'accès aux faits et qui insistent plus sur la manière dont les gens perçoivent, c'est-à-dire interprètent une politique. La production de significations au sujet d'un événement ou d'une décision est importante surtout quand elle est multipliée et rejoint un large consensus susceptible de changer rapidement en fonction du contexte. D'où la multiplication des sondages qui n'ont pas pour but de décrire des attitudes mais de les transformer en nouvelles et donc en action à impact rétroactif.

Dans la démultiplication démocratique des responsabilités où des millions de gens compétitionnent pour avoir une bribe de cette responsabilité, il y a peu de réalités privilégiées et donc il se produit une transformation de la fonction de la mimésis d'appropriation girardienne (1978). Celle-ci montrant la lutte de deux individus pour maîtriser l'objet alors qu'un autre objet identique est à portée de la main, évolue du conflit meurtrier propre aux États-nations à la compétitivité libérale. En effet, le but de la mimésis d'appropriation est de contrôler l'objet par excellence qui est la mimésis platonicienne, c'est-à-dire la possibilité de dire : voilà la réalité, voilà les faits, voilà ce que veut dire tel ou tel texte. Dans ce cas, le pouvoir de faire faire ce que l'on veut est à portée de la

---

[2] « Il n'y a pas de métalangage parce qu'il n'y a que du métalangage » dit Guy Scarpetta, *L'impureté*, p. 29.

main et il s'inscrit dans les grands conflits dualistes et génocidaires du XXe siècle. De nos jours, la mimésis platonicienne est partagée par beaucoup dans une compétitivité intense pour parvenir à faire reconnaître sa voix comme légitime dans le concert des différences. Cette reconnaissance rejette le « not quite » de Bhabha (1984) menant à ce que l'individu biculturel par exemple, ne pouvait jamais être l'égal du colonisateur, car il ne pouvait jamais se conformer à l'exactitude du canon. Dès lors, il se considérait lui même comme inférieur et se voyait à travers les yeux de l'autre et de son monde seul légitime imposant le récit auquel il fallait se conformer[3]. Le postcolonialisme élimine ce « not quite » et ouvre la porte à la capacité à se reconnaître soi-même comme égal (sinon supérieur quand on est biculturel et que l'autre ne l'est pas) et à être reconnu. Dans ce cadre, se diffuse une activité de lecture à tendance déconstructrice et se met en place une légitimité des différences discursives qui relisent, mettent en place de nouveaux lieux argumentatifs et ouvrent à des productions de significations diverses et légitimes, dans les Amériques en particulier.

Publicités et activités métalinguistiques ?

> «Decir la imbricación en la economía de la producción simbólica y de la política en la cultura sin quedarse en operación dialéctica»
> (Jesus Martín-Barbero, *De los medios a las mediaciones*, p. 204).

Dès lors, dans ce contexte, les publicités, en une dynamique toute postmoderne de vulgarisation (Etzioni : 1968) des apriori des langages spécialisés dans le langage public (Bernstein : 1971), s'ouvrent, après la littérature, à une productivité autoréflexive qui déplace ce qu'on entendait par fonction métalinguistique (Imbert : 1998). Cette productivité ne surgit cependant pas nécessairement quand on compare des significations concurrentes et que l'on doit choisir entre elles. Le choix, s'il privilégie un sens unique, représente la dynamique de la modernité dominée par le canon. La productivité se met en place quand on a accès à des significations en concurrence et qu'il est possible de les considérer toutes comme légitimes ou fonctionnelles suivant les stratégies d'insertion souhaitables dans des contextes divers. La productivité joue face au divers des lectures multiples et légitimes. Cette activité à ancrage autoréflexif, permet non de s'en tenir au résultat, mais d'envisager, comme le mentionne Michel de Certeau (1982), les conditions de production de discours, un fonctionnement propre aux langages spécialisés qui passe petit-à-petit dans le langage public. Ce fonctionnement se répand et se

---

[3] Voir à ce sujet Daniel Castillo Durante, *Los Vertederos de la postmodernidad*.

transmet à l'ensemble de la population qui devient ainsi experte à construire plusieurs scénarios à partir d'un élément et à s'en servir dans le but de s'insérer de façon compétitive dans des sociétés diverses. Comme le rappelle Yann Martel dans *Self*, nous ne devenons pas des hybrides[4], c'est-à-dire des gens marqués par le « not-quite », mais des caméléons à l'aise dans divers contextes où la dynamique présente l'emporte sur les allégeances liées au passé.

La volonté de transformer le lecteur en producteur de significations multiples est présent dans l'ensemble des Amériques. Considérons une publicité du supplément culturel de *La Tercera* (jeudi 27 janvier 2000, p. 24) de Santiago du Chili. On y voit sur une page complète la même image d'une femme nue répétée deux fois. La première fois, elle est accompagnée du mot *arte* et la seconde fois du mot *porno*. Le désir de provoquer une réflexion sur la production de significations, des processus d'attribution (Imbert :1995) et de repenser les mécanismes sémantiques est omniprésent. Il correspond à une société à laquelle on a diffusé depuis peu des slogans insistant sur le droit au choix afin d'effacer les ancrages propres à la soumission à un régime « fort ». Toutefois, cette société doit s'inscrire rapidement dans une nouvelle logique qui ne repose plus seulement sur le droit à la consommation d'opinions diverses mais qui doit former de plus en plus de producteurs symboliques et économiques compétitifs et efficaces.

Le choix de la production du contenu à partir du contenu, propre aux dynamiques sociales et aux technologies multipliant les sources d'information, mène donc à la multiplication des interprétations légitimes. Produire des significations différentes, à l'instar des interprétations légitimes dans les marges du texte sacré, comme dans la tradition kabbalistique de Safed (Handelman : 1982), est une dynamique particulière de l'univers libéral et postmoderne, en Amérique du nord en particulier.

D'une manière plus ludique, plus en prise sur une rhétorique mettant en scène les psychologies individuelles plus que les rapports sociaux, les publicités révèlent les abîmes des foisonnements de significations. En effet, on invite régulièrement les consommateurs à produire des énoncés significatifs différents. Ainsi, à partir d'une pince à linge, Xpedior dit : « Some see a clothespin, a couple hugging and kissing, some see a painful antidote for snoring, sheets blowing from a clothesline on a breezy spring day, an alligator standing on his hind legs »[5]

---

[4] Voir dans ce volume le texte d'Amaryll Chanady.

[5] Il est bien certain que cette allusion rejoint un dessin connu, celui de Marc Demoulin représentant deux demi-corps d'homme et de femme s'embrassant et dont le reste du corps, taille et jambe, est en forme de pince à linge.

(*Forbes*, 29 mai 2000, p. 117). La volonté d'entraîner à une productivité sémantique qui ne s'arrête pas à l'orthodoxe de l'unique consensuel est claire. Ce genre de texte est fort répandu récemment dans les Amériques : « Qué significado tiene para Ud. una puerta? La ve como un obstáculo? Pesada e inmóvil? Gruesa? O quizás a Ud. se le abren todas las puertas. Ceden y de repente ya ni siquiera son puertas sino entradas. Descubra nuevos lugares. De continente a continente. De una orilla a otra. Donde Ud.haga negocios. Qué significado tiene una puerta cuando Ud. tiene la llave? » Et Diners Club de nous affirmer que la carte est la clé (*En Vuelo*, (Aerolíneas Argentinas), novembre 2000, p. 15).

Il faut bien voir que cette publicité est une vulgarisation dans le langage public d'une technique d'investigation présente dans les recherches sociologiques et anthropologiques. En particulier, la phrase concernant ce que la porte provoque comme réflexion chez le lecteur. On se souvient de la technique d'enquête utilisée par Pierre Maranda et analysée par Lise Boily (1993) en ce qui concerne les a priori des employés dans une culture d'entreprise. Le même type de question provoquant des réponses prévisibles est utilisé pour mesurer le degré de prise de risque ou de recherche de sécurité que manifesteront les employés. On leur offre, en effet, un homme, une femme et un serpent et on leur demande de composer une histoire qui sera ensuite analysée, selon des principes propres à l'analyse structurale des récits, par le spécialiste pour y découvrir les réflexes herméneutiques cachés, la culture personnelle de l'individu qui, de cette manière, manifestera ses penchants pour telle ou telle conduite utile ou non à l'expansion de l'entreprise. Le monde est un test de Rorschach complexe qui n'a pas pour but premier qu'un individu puisse se connaître ainsi que le démontre tout le roman *Self*; il est une réserve de scénarios qui visent à changer les fonctionnements sociaux-économico-culturels et à échanger informations et positions sur les barreaux de l'échelle sociale et sur les terrains des relations interindividuelles. Se connaître est une activité exploratoire qui rejette l'attitude statique d'un des personnages de *Self* dont on dit : « Pour elle, la vie était un moule plutôt qu'une mue » (p. 202). L'exploration de scénarios est d'ailleurs une constante où se rejoignent les publicités contemporaines et certains romans. «Man? Woman, does it matter» suggère Sure qui, devant une image d'un ventre plat au-dessus d'un jean, ajoute : « Sure Ultra Dry keeps you drier that any other type so a MAN WOMAN HUMAN feels clean » (*People*, septembre 1999, p. 44). Cette publicité qui joue de l'exploratoire des identités potentielles déplace l'orientation sexuelle biologique vers l'orientation sexuelle discursive. Elle rejoint le roman *Self* où le personnage est masculin puis féminin, puis masculin, tout en s'affirmant lesbienne. Ce qui marque n'est ni la biologie ni l'attribution par une autorité intangible, mais la position discursive et ses déplacements. Et ce sont ces déplacements qui font du lieu d'énonciation, une expérience parmi d'autres expériences dans l'évaluation des rapports de pouvoir.

La publicité est d'ailleurs une illustration particulièrement claire de la remarque de A. Fuat Firat et A. Venkatesh : « the image does not represent the product, the product represents the image because selling the product becomes secondary to selling the experience » (1993 : 244). Expérience du risque physique et du plaisir comme dans le vélo de montagne, expérience du risque sémantique et du ludique dans la pratique des productions de significations. Ceci est donc la manière contemporaine privilégiée d'intégrer la culture dans la sphère commerciale. En effet, l'expérience est une expérience culturelle, celle d'être à la fine pointe, celle de vivre une expérience nouvelle, d'être créateur dans l'anarchie relative des énoncés possibles à diffuser stratégiquement. S'inventer dans le temporaire, n'est-ce pas aussi une partie des attraits des expériences esthétiques, littéraires et ludiques ?

Évidemment, dans tous les cas où il y a passage d'un système à discours unique à un système multidiscursif, ainsi que dans tous les cas où il y a situation d'interculturalité, avec contact proche et continu entre cultures, les groupes développent des mécanismes explicites et implicites de fonctionnements productifs et autoréflexifs. Et quand on parle d'une société bi ou multidiscursive, qui est en contact avec d'autres sociétés extérieures et aussi, à l'intérieur, composée de spécialistes en transit, d'immigrants, etc., il est clair qu'un des rôles des institutions est de faire passer les moyens propres aux langages spécialisés au niveau de l'ensemble de la population. Ainsi, celle-ci sera capable de prendre en charge les nouvelles données sémantiques, informatives et culturelles tout en repositionnant ses valeurs et ses fonctionnements quotidiens. Ceci est bien souligné par Don Tapscott : « Teachers can become navigators providing meta-learning-crucial guidance and support regarding how to go about learning » (1998: 154)[6].

---

[6] Évidemment, ce méta-apprentissage n'est pas défini très clairement ; de plus Tapscott ne mentionne pas le fait que les enseignants devraient aussi inciter à apprendre à apprendre autant qu'à communiquer des informations. Mais la formulation « How to go about learning » peut inclure aussi bien savoir où aller chercher comme apprendre à apprendre, c'est-à-dire s'engager dans une dynamique qui permet de saisir les processus même de mise en discours des contenus et pas seulement le résultat. Malheureusement, cette efficacité souhaitée n'est pas toujours au rendez-vous, car les défenses corporatistes règnent encore dans ce secteur. Ceci est expliqué dans *L'Actualité* : « D'autant que rien ne lui garantit qu'elle enseignerait ensuite la matière qui la passionne. En effet, la convention collective des enseignants fait en sorte que c'est l'ancienneté, et non la compétence ou l'expérience dans une matière, qui détermine l'ordre dans lequel les professeurs choisissent leur 'tâche' » (F. Bastien, « Math + sciences = pénurie », 15 sept. 2000, p. 48).

Discours et rapports de pouvoir

Comme le souligne García Canclini (1992), les discours et les situations sont bien différentes suivant le lieu de pouvoir ou de non pouvoir, car il y a des façons inégales de s'approprier d'éléments économiques comme symboliques, ce qui implique des façons diverses de les combiner et de les utiliser avec efficacité. De nos jours toutefois, un entraînement au déplacement par rapport aux lieux canoniques liés au lieu de naissance se diffuse dans les livres et les magazines. On pense surtout à ceux qui visent les classes moyennes de la planète ainsi que les personnes qui peuvent obtenir une éducation ouverte sur les renouveaux épistémologiques ou technologiques. Ce déplacement entraîne les populations à devenir productrices de significations, c'est-à-dire activement multiculturelles contrairement aux conceptions passives du multiculturalisme liées à la consommation de l'ethnique comme les critique Bissoondath (1994). Cette dynamique déplace la situation biculturelle négative envisagée par Bhabha dans le cadre du colonialisme. Passer d'une utilisation de la langue à sa fonction productive et autoréflexive est en train de devenir un avantage. Elle est l'entraînement à une productivité nécessaire dans la nouvelle société contemporaine où le multiculturalisme se couple à la légitimité du déplacement territorial comme argumentatif et à la présence de plus en plus fréquente de personnes bi ou multilingues.

Cette dynamique est omniprésente dans les machines à vulgariser que sont les médias contemporains. Ils jouent de l'implicite, de l'explicite ou de l'allusif et évitent le pédagogique obligatoire pour passer par le ponctuel d'une séduction provocante qui fait réfléchir. De plus, ces médias passent par un discours qui s'appuie sur un discours précédent familier car, de la modernité à la postmodernité, il n'y a pas rupture mais déplacement et extension des domaines culturels. Et c'est ce déplacement qui est stimulant, séducteur et qui génère une forme d'humour.

Ainsi, dans les publicités, comme celle de *La Tercera* ou de *Forbes*, se joue un entraînement quotidien à la réflexion sur la production de significations menant à des attributions très diverses. Dans les commentaires différents appliqués à un seul objet, une image et des textes divers, se place un humour qui joue d'une remise en question des évidences et donc de ce qu'on croit être l'authentique. En effet, l'authenticité est liée non à l'objet lui-même mais à la possibilité de le définir canoniquement et d'imposer ses attributs qui en font un symbole d'une oeuvre accomplie, d'une époque, ou d'une structure nationale. Ce fonctionnement émaille les productions livresques de la modernité territorialisante cherchant les traces authentiques du passé. On le constate dans les commentaires suivants sous une photo de paysage semi-désertique et de cañon comme on peut en voir en Israël, en Arizona ou dans le nord de l'Argentine. Mais ici c'est l'Espagne qu'on veut présenter de manière typique. « Dans l'ancien royaume de Grenade, le paysage semble conserver comme une empreinte maure. » (Minvielle : 1987 : 21). De plus, par ces mots, on dégage les racines disparues du national, celles d'une civilisation morte. Cette construction typique de la logique de la modernité attachée à la légitimation de l'État-Nation s'efface de nos jours sous les luttes potentielles des interprétations concurrentes qui n'ont plus le guide du canon pour s'affirmer et qui se disséminent à travers des médias multiples polytextualisant la polysémie. Dès lors, au lieu de parler des Maures, on s'attachera à discuter de l'insertion des immigrés maghrébins dans la société espagnole.

Ce processus de rencontre de discours divergents est une des bases de la diffusion de la capacité à évaluer les conditions de production des discours. C'est ce que met en valeur Patrick Bazin en appelant ce processus « metareading ». Cette capacité « of the metareaderly process to take account of itself exacerbates the stakes of knowledge and power. Thus it is that, after mastering raw materials, then energy, then financial flows, mastery of the 'flows of knowledge' clearly becomes the principal challenge of the next decades » (1995: 154). C'est ce type d'entraînement qui est nécessaire dans toute société qui veut concurrencer les autres dans un monde où la modernité et ses paradigmes stables ne sont plus la seule référence mais une option parmi d'autres dans le déploiement de stratégies dynamiques de développements économique, social et personnel.

Conclusion

> « History is written by victors. Legends are woven by the people. Writers fantasizes. Only death is certain. »
> (Danilo Kis, *The Encyclopedia of the Dead*, p. 131.)

Dans ce cadre valorisant la productivité sémantique, le succès de la littérature, c'est-à-dire le pérennité de son attrait pour les gens, est que les enseignants prennent en charge ce désir d'autoréflexion critique et ludique présent chez les lecteurs et les lectrices qui consomment avidement des livres et qu'ils échappent à la compulsion du passé et du canon. Si la littérature a devancé la publicité dans la mise en place de la productivité sémantique et des jeux de déplacement contextuel et canonique, il est remarquable que les pédagogues aient pris du retard et aient continué à diffuser leur savoir selon des lignes engagées dans le canonique ou dans des pseudo métalangages souvent pris dans un statisme essentialiste. De nos jours, face aux demandes d'un public appelé à transformer ses attitudes rapidement dans le contexte de la mondialisation, il est nécessaire d'évaluer le pouvoir dans les mots et le pouvoir des mots, le faire plus que l'être. Dans ce contexte, il faudrait plus souvent traiter d'une littérature qui se lit et la contextualiser avec les dynamiques des autres discours qu'ils soient publicitaires ou médiatiques, car c'est ce que la population recherche dans cette ère de capitalisation des savoirs. C'est aussi cette contextualisation que nombre d'auteurs mettent en place dans leurs textes. On pense à Isabel Allende et à sa nouvelle « And of Clay Are We Created » inscrite dans *The Stories of Eva Luna* où la différence entre littérature et média s'affiche dans la manière de traiter le seul indéniable dans cette concurrence des discours, le passage de vie à trépas.

Dans les médias s'affiche, en effet, le spectaculaire couplé à l'oubli ou à la désinformation nécessitant la production de livres qui sont des Testimonios. On le constate aussi dans des ouvrages comme ceux de García Marquez, empreints d'un « réalisme magique » qui sait échapper à la désinformation du canon de l'histoire officielle pour mettre en évidence les responsabilités des tortionnaires et des terroristes téléguidés par certains États-Nations. La littérature contemporaine manifeste bien la profondeur de ce savoir à partager aussi bien dans un contexte dictatorial que dans un contexte d'omniprésence d'un discours économique destructeur comme le souligne ce Testimonio[7] de l'ère libérale économique qu'est *99F* de Frédéric Beigbeder. Cet ouvrage, par sa prise en charge critique et ludique des discours mondialisés contemporains, fait d'ailleurs tout aussi bien partie de la littérature canadienne, québécoise, latino-américaine que française ou européenne, puisque toutes ces sociétés sont parties prenantes des nouveaux discours mondialisés et des logiques publicitaires.

Ce sont de tels textes qui nous ouvrent finalement à ce que les gens cherchent et lisent, des ouvrages allant au-delà des canons historiques et littéraires nationaux et de leurs discours désinformateurs masquant exclusions et génocides, car les flux culturels, discursifs et économiques sont transnationaux. Ce sont ces textes qui permettent l'exploration des retentissements discursifs et des possibilités de franchir les lieux d'énonciation et les frontières intérieures comme extérieures par la reconnaissance profonde de l'altérité en soi et du soi en l'autre comme l'évoquent Ricoeur (1992) et Levinas (1969).

Bibliographie
Agamben, Giorgio, *Homo Sacer*, Paris, Seuil, 1997.
Allende, Isabel, *The Stories of Eva Luna*, New York, Bantam, 1989.
Baldwin, James, *The Fire next Time*, New York, Dial Press, 1962.

---

[7] Voir pour l'ère des confrontations nationales et marxistes: Cortázar, *Vampiros multinacionales*.

Bazin, P., « Toward Metareading », dans *The Future of the Book*, ed. Geoffrey Nunberg, 1995.

Beigbeder, Frédéric, *99F*, Paris, Grasset, 2000.

Bernstein, Basil, *Class, Codes, and Control*, London, Routledge and Kegan Paul, 1971.

Bezençon, Hélène, *Les confessions d'une mangeuse de lune*, Hull (Québec), Vents d'Ouest, 1995.

Bhabha, Homi, «Of Mimicry and Man: The Ambivalence of Colonial Discourse», dans *October*, 28, 1984, Spring, p. 125-133.

Bissoondath, Neil, *Selling Illusions*, Toronto, Penguin, 1994.

Boily, Lise, « On the Semiosis of Corporate Culture », dans *Semiotica*, 1/2, 1993, p. 5-31.

Borges, Jorge Luis, *Obras completas*, Buenos aires, EMECE, 1974.

Blüher. K. A. de Toro A. (eds.), *Jorge Luis Borges*, Frankfurt/Madrid, Vervuert/Iberoamericana, 1995.

Castillo Durante, Daniel, *Los vertederos de la postmodernidad*, Ottawa/Mexico, Dovehouse/UNAM, 2000.

Certeau, Michel de, *L'histoire, science et fiction dans la philosophie de l'histoire et la pratique historienne aujourd'hui*, Ottawa, Ed. de l'Université d'Ottawa, 1982.

Cortázar, Julio, *Rayuela*, Buenos Aires, Ediciones Sudamericana, 1968.

Cortázar, Julio, *Vampiros multinacionales*, Mexico, Excelsior, 1975.

Dai Sijie, *Balzac et la Petite Tailleuse chinoise*, Paris, Gallimard, 2000.

de Toro, Alfonso, « El productor 'rizomórfico'y el lector como 'detective literario'», dans Blüher et de Toro, *Jorge Luis Borges*, Frankfurt/Madrid, Vervuert/Iberoamericana, 1995.

Duncker, Patricia, *Hallucinating Foucault*, Hopewell (New Jersey), The Ecco Press, 1996.

Eco, Umberto, *Le nom de la rose*, Paris, Livre de poche, 1983.

Etzioni, Amitaï, *The Active Society*, New York, The Free Press, 1968.

Even-Zohar, Itamar, « The Role of Literature in the Making of the Nations of Europe: A Socio-semiotic Examination », dans *AS/SA*, n⁰ 1, 1996. http://www.epas.utoronto.ca:8080/french/as-sa/ASSA/-N*1/IEZ1.html:1-20.

Fuat F. and A. Venkatesh, « Postmodernity: the Age of Marketing », *International Journal of Research in Marketing*, nº 10, 1993, p. 240-252.

Gaarder, Jostein, *Le monde de Sophie*, Paris, Seuil, 1995.

García Canclini, Néstor, *Culturas Híbridas*, Buenos Aires, Sudamericana, 1992.

García-Canclini, Néstor, *La Globalización imaginada*, Paidos, Buenos-Aires, 1999.

García Marquez, Gabriel, *Cent ans de solitude*, Paris, Seuil, 1968.

Girard, René, *Des choses cachées depuis la fondation du monde*, Paris, L de P, 1978.

Hartmann, Geoffrey, *Criticism in the Wilderness : The Study of Literature Today*, Chicago, Chicago U.P., 1980.

Handelmann, Susan, *The Slayers of Moses*, Albany, State University of New York Press, 1982.

Imbert, Patrick, «Le processus d'attribution», dans *Les discours du nouveau monde au XIXe siècle au Canada français et en Amérique latine Los discursos del Nuevo Mundo en el siglo XIX en el Canadá francófono y en América latina*, (dir. M. Couillard et P. Imbert), Ottawa, Legas, 1995.

Imbert, Patrick, *The Permanent Transition*, Frankfurt/Madrid, Vervuert/Iberoamericana, 1998.

Imbert, P. et A. Rizzo, « Las bases del sistema de lo local frente a lo global en las Américas », *V jornadas nacionales de investigadores en comunicación*, Universidad Nacional de Entre Ríos, Paraná, Argentina, 10 novembre 2000, CD Rom, 2000, 6 p.

Iser, Wolfgang, « Die Appellstruktur der Texte », dans R. Warning (ed.) *Rezeptionsästhetik: Theorie und Praxis*, München, Fink, 1970.

Jean, Raymond, *La lectrice*, Paris, Livre de Poche.

Kis, Danilo, *The Encyclopedia of the Dead*, New York, Farrar, Strauss and Giroux, 1991.

Levinas, Emmanuel, *Totality and Infinity: an Essay of Exteriority*, Pittsburgh, Duquesne U.P., 1969.

Martel, Yann, *Self*, Montréal, Boréal, 1998.

Martín Barbero, Jesus, *De los medios a las mediaciones*, Editorial Gustavo Gilli, México, 1987.

Minvielle, Pierre, *L'Espagne*, Paris, Larousse, 1987.

Ricoeur, Paul, *Oneself as Another*, Chicago U. P., 1992.

Robbe-Grillet, Alain, *La jalousie*, Paris, Livre de poche, 1966.

Rorty, Richard, *Contingency, Irony, and Solidarity*, Cambridge, Cambridge U. P., 1989.

Sarmiento, Domingo, *Facundo: civilizaciòn y barbarie*, Madrid, Alianza, 1970.

Scarpetta, Guy, *L'Impureté*, Paris, Grasset, 1984.

Tapscott, Don, *Growing Up Digital*, New York, McGraw Hill, 1998.

> # Discours et contre-discours

Identité et argumentation transdiscursive au Brésil

Danielle Forget
Université d'Ottawa

Pratiques rhétoriques

Les représentations sociales prolifèrent dans tous les domaines de notre vie collective et publique. Si on a tendance à les considérer comme attachées au domaine sociopolitique, elles interviennent, pourtant, et sont mises à contribution dans différents domaines et types de discours. Ces représentations ne craignent pas les frontières de discours ou de domaines et sont en circulation dans plusieurs sphères du monde moderne, contribuant à modeler l'image d'un Soi collectif pour Soi ou pour l'Autre.

La définition de l'identité que propose Michel Wieviorka « l'ensemble des références culturelles sur lesquelles se fonde le sentiment d'appartenance à un groupe ou à une communauté, qu'elle soit réelle ou 'imaginée' […] » convient parfaitement à cette étude des formes que prend la réactualisation des traits identitaires dans différents types de discours[1]. Étant donné que c'est le système de valeurs qui règle l'unité du groupe, l'identité collective peut prendre des formes variées et offrir des perspectives différentes sur l'intégration de l'individu selon les contextes. Rien n'exclut que l'identité soit faite de tensions, de modes alternatifs de prévalence entre des valeurs comme c'est le cas au Brésil, plutôt que sur une somme de traits convergents. Le métissage des cultures depuis l'origine coloniale du pays, leur cohabitation peut fournir une des principales explications de ces tensions.

Mais mon propos se spécialisera pour adresser plus spécifiquement un type de tension : celui entre des préoccupations et valeurs traditionnellement reconnues comme fondant l'identité brésilienne et d'autres valeurs issues d'un regard de (et vers) l'extérieur et qui insèrent le Brésil dans la modernisation. C'est avec prudence que j'aborderai quelques-unes de ces représentations dans leur circulation entre plusieurs discours. La sélection des textes de mon corpus n'échappe pas à l'arbi-

---

[1] Michel Wieviorka, *La différence*, Paris, Balland, 2001, p. 138.

traire, j'en conviens parfaitement, et je ne nourris aucune prétention d'analyse exhaustive des textes représentés. Tout en considérant des textes représentatifs de lectures quotidiennement accessibles à l'individu moyen, mon objectif est d'établir des points de convergence entre des perceptions et des manières de dire l'identité qui prennent la forme d'une élaboration de lieux communs dans l'espace public, d'une zone de répétition, de cohérence à consommation plus ou moins rapide. Celles qui m'intéressent ont ceci en commun : elles construisent une image de Soi pour l'Autre avec une portée identitaire dans un jeu entre l'individuel et le collectif.

J'ai sélectionné trois types de textes et extrait les énoncés à portée identitaire issus de pratiques discursives représentatives. Dans le premier cas, ce sont des brochures touristiques visant à inciter à visiter un lieu touristique au Brésil qui ont fait l'objet d'une analyse en profondeur. Dans le second cas, il s'agit d'un numéro de revue d'actualité, parcouru du début à la fin en quête de données pertinentes, à savoir des publicités qui affichent un caractère identitaire[2]. Elles se sont révélées nombreuses. Et finalement, un roman choisi à partir de la représentation qui y est faite des valeurs collectives rattachées à l'identité, servent à exposer la construction, narrative cette fois, de l'identité (en écho avec les traces laissées dans les autres discours). Le corpus choisi montre une tension entre des valeurs, le plus souvent traditionnelles par contraste avec celles associées à la modernisation, en même temps qu'il la situe comme une préoccupation relevant surtout des classes moyennes et favorisées, puisque ce sont principalement ces membres qui voyagent, lisent les revues d'actualité et ont accès au littéraire non populaire.

Le but que je me suis fixé se trouve au croisement d'une sémiolinguistique et d'une rhétorique sociale; il exige une appréhension large du sujet et une étude qualitative de manière à apprécier dans leurs ressemblances et leurs différences les traits identitaires activés par les discours publics.

Le prêt-à-porter identitaire sur fonds de subjectivité : les publicités touristiques

On pourrait mettre en doute l'existence même d'une problématique identitaire traversant les publicités touristiques et ajouter que ces types de textes obéissent prioritairement à des impératifs commerciaux. Je répondrais que l'un n'exclut pas l'autre. La visée dominante d'un texte et son mode d'expression peuvent être tout autre qu'identitaire et, pourtant, s'appuyer sur des données, des préoccupations, des schémas

---

[2] *Época*, Ano III, no 107, 5 de de junho 2000, Editora Globo, 139 p.

culturels faisant appel précisément à ces notions. Quand on y regarde de près, à part les études sociologiques, ethnologiques et juridiques sur la question, peu de discours prennent de front la question identitaire (au sens où il s'agirait de la question dominante : un débat sur des particularités d'un peuple, ses attributs culturels). En revanche, les particularismes identitaires constituent des arguments incontournables sur plusieurs questions juridiques, politiques, culturelles, etc. Le rôle instrumental en argumentation que joue la question identitaire trouve aussi sa place dans les textes publicitaires. Ce rôle comporte des variantes, assujetti qu'il est aux contraintes énonciatives d'un texte épidictique à visée incitative.

Il reste intéressant de considérer les pratiques discursives — prises dans leur ensemble — qui s'approvisionnent de stéréotypes et contribuent tout à la fois à les maintenir et à les renouveler. Ce ne sont pas tant les particularismes de chacun des pays en cause dans cette incitation au voyage qui doit retenir notre attention, comme le fait d'un regard convergeant vers le Soi et l'autre qui se profile à travers ces différences.

Besoin d'évasion des problèmes locaux, nationaux; recherche d'un bien-être qui se formule à partir d'un manque (soit celui de l'individu ou celui présent dans le pays d'origine); le voyageur est dépeint par inférences comme celui qui effectue une quête que se charge, soi-disant, de combler le pays hôte. Les pubs sont un appel à la découverte, à la satisfaction de besoins et de caprices éventuels, une évasion; provocation et réponse à un besoin tout à la fois sont les deux facettes énonciatives sous lesquelles elles s'arborent. L'intention d'un « Soi » représenté qui s'élabore dans le texte à partir de la « satisfaction » que le pays visité peut garantir. J'ai bien dit d'un Soi représenté, car il y a une sorte de subversion des instances de discours. La pub parle à partir du point de vue du voyageur — comme si le narrateur était en symbiose avec ce dernier — et portait son regard objectif — et néanmoins toujours admirateur — sur le pays à visiter. Or, ce sont des agences locales ou des instances brésiliennes du gouvernement qui, en fait, élaborent ces brochures publicitaires. C'est donc par un effet de miroir que le Brésilien se dépeint : à travers le regard que peut porter sur lui l'étranger et par rapport auquel il se sait doté d'une spécificité.

Attachons-nous aux publicités touristiques qui nous servent une sorte de prêt-à-porter identitaire (projection d'une image simplifiée des attributs d'un pays pour consommation rapide lors de la lecture). Après avoir recueilli et analysé une trentaine de brochures éditées au Brésil, des constantes très nettes s'en dégagent. Le renvoi au pays fait autant partie du contenu, en tant que référence (on vante les avantages à visiter un pays) que du mode de dire, comme argument en tant que ce que j'ai appelé rhétorique identitaire (tel attrait devient une raison pour visiter le pays). On ne s'étonnera guère de constater que les publicités se fondent sur le positif. Mais justement, en escamotant des dimensions essentielles et très actuelles du pays, ces manières de dire sont révélatrices. Sont tus les problèmes concernant le taux élevé d'analphabétisme, de mortalité infantile, les pratiques politiques non démocratiques, le niveau de pauvreté, la violence urbaine, la circulation de la drogue, etc. Parce que ces sujets ont peu à voir avec la préparation d'un voyage, me direz-vous? Certaines questions ne sont pas immédiatement pertinentes, il est vrai, mais d'autres comme la mendicité, la violence urbaine qui ont une incidence sur le comportement de tous, y compris du touriste, ne pourraient figurer. Car pour apparaître, il faudrait qu'elles fassent l'objet de mise en garde : « méfiez-vous de... ». Mais il y a plus. Faire apparaître les aspects négatifs risqueraient de freiner les élans du client potentiel, celui-ci se sentant différent ou percevant qu'il évolue dans un mode régi par des règles tout autres. Or, justement, une tactique essentielle du tourisme consiste à montrer que le voyageur peut se sentir chez lui ailleurs, même hors frontière. Les pubs jouent ce jeu périlleux entre, d'une part, fournir du familier pour vendre une destination et, d'autre part, promettre un intérêt renouvelé, voire un dépaysement.

On y reconnaîtra des procédés rhétoriques comme la comparaison, l'hyperbole, l'antithèse, etc. Mais surtout une promotion des valeurs qui fondent la représentation du pays. Il y a d'abord les valeurs qui font l'objet d'une promotion à l'intérieur (de la part) du pays hôte. Il y a aussi les valeurs que l'on met de l'avant, à l'intention du visiteur afin de satisfaire ses besoins (ou ceux qu'on se représente comme étant les siens) et susciter ses intérêts présumés.

La rhétorique des brochures touristiques incite au voyage et, du même coup, à visiter un pays par une technique d'appropriation des différences (et donc, par une sélection des spécificités du pays) en les faisant correspondre à un besoin de l'individu. Sortir d'un décor, d'une routine (vie réglée, répétition), de contraintes. Satisfaire une soif d'exotisme; atteindre un épanouissement qui passe par un ressourcement des perceptions. D'ailleurs le conflit possible de la confrontation des valeurs est atténué par le fait que le discours met en place des actants non concurrentiels : l'individu qui visite une collectivité, une collectivité qui s'offre à l'individu. Sont retenus parmi l'ensemble des traits caractéristiques d'un pays, ceux de la réalité collective qui viennent combler les besoins d'un individu — type dans un contexte. Ainsi, dans un contexte de vacances, le Nord-américain visitant le Brésil au mois de février désire, on peut le supposer, sortir de sa routine (et peut-être même trouver l'aventure), profiter du soleil et de la chaleur. Comme ces supposés besoins sont réinvestis dans un discours qui veut combler ce déficit, cela affectera la description à donner du pays d'accueil. Seront offerts à l'éventuel voyageur les traits d'un Brésil où la nature est omniprésente. C'est le cas de cette brochure sur la ville de Rio de Janeiro, éditée en français. Dès l'introduction, se trouve la présentation suivante :

> Rio est la consécration de toute la beauté sur notre planète. Une ville bénie pour sa mer, sa Baie de Guanabara, ses lagunes, ses montagnes, ses forêts et des habitants qui connaissent la véritable portée du mot gaieté. Une cité cosmopolite dans son essence, à la fois chaleureuse et hospitalière. [...] Rio est un lieu de rêves et de découvertes constantes de nouveaux horizons et passions. Une ville où la beauté du paysage domine les sentiments par un rayonnement de teintes qui se renouvellent à chaque instant[3].

Mais les traits physiques sont mis en relation avec les gens : les rapports humains se profilent quand ils ne sont pas abordés directement. Les descriptions tendent vers un stéréotype dominant : la communicabilité de ses habitants et même leur sensualité.

En général, les marques identitaires régionales ou nationales intègrent le culturel. Dans l'ensemble des brochures étudiées, ce sont les marques identitaires relevant de la tradition régionale ou nationale qui sont préférentiellement sélectionnées (à travers des références à la nature, espace, cuisine, sites historiques, etc.) plutôt que celles qui relèvent de la modernité (traces du développement technologique, urbain, essor économique, etc.) — quoique ces dernières ne soient pas négligeables. Dans tous les cas, les discours s'approvisionnent aux stéréotypes culturels qui conjuguent plaisir et sensualité. Convergence et uniformisation des effets discursifs à travers ces valeurs, ce qui fait contraste avec des moyens rhétoriques qui par ailleurs misaient sur la quantité (variété des points d'intérêt...). Dans cette optique, le Brésil se présente comme une terre de plaisir. Les pubs ne se bornent pas à valoriser des plages, l'étendue du pays, etc., bref des éléments objectifs, mais les présentent à travers le goût de la tropicalité, de la sensualité. Cela apparaît clairement dans les grands titres qui traversent la brochure sur Rio, par exemple :

Rio de Janeiro. Un séjour merveilleux.
Rio est vert.
Rio est bleu.
Rio est culture.
Rio est délire.
Rio est vibration.
Rio est une ville d'affaires.
Rio est séduction.

---

[3] Secrétariat municipal de la culture, du tourisme et des sports, Mairie de la ville de Rio de Janeiro. Riotur.

La nature est invoquée (vert, à cause des forêts, bleu à cause de la mer), de même que la culture et les affaires, mais cela se fait à travers la satisfaction de besoins, de caprices, des désirs, etc. Une autre publicité, sur la ville de Recife cette fois, comporte les mêmes traits :

> Recife, capitale de Pernambuco
> Recife, capitale des plages
> Recife, capitale du carnaval
> Recife, capitale de la culture
> Recife, capitale du loisir
> Recife, capitale des fleuves et des ponts,
> Recife, capitale de votre cœur.

Perceptions, sentiments, émotions prennent le relais pour offrir un modèle de construction de discours sur le mode des passions. Le plan visuel est agrémenté de ces autres dimensions... Bref, d'une rhétorique basée sur le perceptif et la subjectivité, au sens de Benveniste, comme marque de la présence de Soi et de sa relation au monde[4].

Les textes étudiés m'ont permis de mettre en évidence certains lieux rhétoriques privilégiés des manifestations identitaires brésiliennes; d'une part, la vision particulière du Brésil dans sa participation à la modernité, d'autre part, sa spécificité culturelle. D'une manière qui ne va pas sans rappeler ce que la philosophe Marilene Chauí appelle le mythe du progrès par contraste avec la nostalgie des origines, la première tend vers l'extérieur, dans ses tentatives d'intégration aux problématiques internationales, tandis que la seconde semble mettre en valeur des traits longuement et traditionnellement reconnus comme nationaux et associés à l'identité collective[5].

Publicité et associations identitaires dans la presse écrite

Les discours sont des pratiques culturelles souvent négligées en regard des enjeux identitaires malgré le rôle important qu'elles sont appelées à jouer : après tout, elles construisent les perceptions qu'un individu a de lui-même et l'image qu'il veut arborer devant le jugement des autres ; il en va de même de la collectivité à laquelle l'individu s'associe : l'élaboration de son appartenance emprunte souvent des biais détournés.

La publicité fait partie de ces pratiques culturelles de masse. Elle assaille à toute heure du jour prenant des formes écrites ou orales, côtoyant les nouvelles télévisées, les productions artistiques plus élaborées et les chroniques littéraires. Malgré leur diversité, des schèmes

---

[4] Émile Benveniste, *Problèmes de linguistique générale*, Paris, Minuit, 1966.

[5] Voir Marilene Chauí, *Conformismo e Resistência*, Sao Paulo, Brasiliense, 1986, citée par Juremir Machado da Silva, *Le Brésil, pays du présent*, Paris, Desclée de Brouwer, 1999, p. 180.

structurels communs apparaissent qui sont révélateurs. Ainsi, cette revue d'actualité connue, *Época*, est parsemée de publicités; je me suis attardée à la sélection et à la disposition de publicités que la revue contenait, ainsi qu'à la forme des messages qu'elle arborait (*inventio, elocutio, dispositio*). Des constantes se manifestent. Si toutes vantent un produit ou service sur un mode hautement emphatique, parmi ces procédés contribuant à l'hyperbole figurent les références au pays, à l'identité.

En effet, les publicités brésiliennes (qu'elles portent sur un produit ou service national ou étranger) trouvent une formulation, une appréhension des phénomènes sur un mode axiologique qui, tout en faisant état des préoccupations sociales, construisent des valeurs identitaires sous-jacentes[6]. C'est ainsi, par exemple, qu'une compagnie (Faber-Castell) annonçant des crayons mise sur la protection de l'environnement, comme l'indique son titre coiffant l'image d'une chouette : « Aucune chouette n'a jamais perdu le sommeil à cause de nos crayons. » Tenant visiblement à souligner une mission éducatrice, elle revendique en même temps des qualités en se montrant responsable de l'environnement, comme en témoigne cette phrase finale :

> Après tout, seule une compagnie qui se dédie toujours à l'éducation peut donner une leçon d'écologie[7].

Or cette page publicitaire fait face à une page journalistique consacrée à ce qui s'appelle l'espion écologique : il s'agit en fait de l'utilisation que fera le gouvernement pauliste d'un satellite américain permettant d'obtenir des photos du territoire de très haute définition et permettant des interventions de protection du milieu ambiant (glissement de terrain). L'article vise à rendre hommage aux développements technologiques et à mettre le Brésil sur la carte du progrès. La publicité qui suit va dans le même sens : cette fois il y va de chaque individu de s'associer à la cause environnementaliste que sert la compagnie en question en achetant les crayons qu'elle produit. L'individu est convié à acheter un produit, bien sûr, mais surtout, sur un mode indirect, à participer au progrès. Quelques pages plus loin, dans une entrevue avec le sous-secrétaire américain à l'environnement, David Sandalow affirme que « les pays pollueurs ont le devoir de financer la conservation des forêts tropicales ». Il sera ensuite mentionné : « Le Brésil pourrait se faire beaucoup d'argent s'il prenait soin de la forêt, peut-être des centaines de millions de dollars. Nous sommes en voie de négocier des

---

[6] Et celles mentionnant explicitement dans les slogans ou dans les textes « le Brésil », ou utilisant le « pays », les « brésiliens », etc., sont majoritaires.

[7] *Época*, ano III, no 107, 5 de junho de 2000, p.75.

accords internationaux qui permettraient cela[8]. » Ici apparaît explicitement le désir de participer à la communauté internationale (de ne pas être marginalisé), de prendre part aux accords, de répondre aux attentes de cette même communauté, surtout quand un gain économique l'accompagne, évidemment.

Progrès et développement, deux notions-clés qui faisaient partie de la propagande des années 70 avec des slogans comme « Brésil, le pays du futur » ou « Le Brésil, un pays qui va de l'avant[9] ». Le miracle brésilien (1969-1973) n'est pas loin dans le passé qui rendait compte de la puissance du Brésil dans le contexte de l'Amérique du Sud et confirmait la supériorité et la richesse de ce pays sur ses voisins (il s'est valu l'appellation enviable d'une certaine façon mais péjorative des États-Unis de l'Amérique du sud). Le plan Cruzado mis en place par le président Sarney en 1986, consacrait le Brésil comme huitième puissance économique du monde[10].

Il apparaît donc que les publicités exhibant souvent un caractère identitaire, direct par le recours à un slogan pro-national ou indirect, recomposé par inférences, se distribuent en alternance avec les enjeux discutés dans les articles de fonds et contribuent ainsi à l'orientation idéologique de ces derniers, le plus souvent en faisant vibrer la fibre nationaliste[11].

L'association entre progrès et éducation est aussi omniprésente. L'accès au savoir constituera une pierre angulaire de cette spécialisation identitaire comme élite, c'est-à-dire regroupement d'élus et d'experts. L'argument de qualité invoqué tend à isoler un groupe par le haut degré attribué à ses compétences, son savoir, son sens critique, etc., ce qui correspond aussi à un mode de perception répandu dans la réalité sociale. On ne peut manquer de remarquer les nombreuses publicités de journaux qui misent sur cette reconnaissance identitaire pour vanter leur produit et lui conférer les qualités du public estimé qu'il espère rejoindre. Cette publicité de *O Globo* :

> O Globo só tem uma idéia fixa: levar você a maior pluralidade de idéias, directamente das melhores cabeças do jornalismo carioca.

---

[8] *Ibid.*, p. 97.

[9] Voir Juremir Machado Da Silva, *Le Brésil, pays du présent*, Paris, Desclée de Brouwer, 1999, p.95

[10] *Ibid.*, p. 101-102

[11] Il en va ainsi de Alcoa, une entreprise de fabrication de produits d'aluminium, qui mise sur la tradition « É com essa postura que a Alcoa espera cada vez mais fazer parte da história do Brasil » : elle côtoie sur la page adjacente un article sur les navigateurs portugais du XVIe siècle sur le point de coloniser le Brésil (p. 138-139) ; ailleurs, un article sur Italo Calvino, écrivain de réputation internationale, qui a passé, dit-on, son enfance en Italie, est placé tout à côté d'une publicité associant deux journaux par leur qualité, *O estadao* e *Corriere della Sera* (p. 130-131).

vise à promouvoir l'appartenance à un groupe sélect, à propos duquel le slogan final ne saurait être plus explicite :

Quem lê, sabe[12]

Ou encore, mentionnons cette publicité de la *Gazeta Mercantil* qui ne manque pas de souligner ses qualités en vantant celles de ses lecteurs :

> A Gazeta Mercantil é lida por um público muito seleto, formador de opiniao e que nao gosta de perder tempo[13].

tout en suggérant l'efficacité nécessaire dans le rythme de vie moderne.

Patrick Chareaudeau soutient que le genre publicitaire s'adapte à l'exercice de deux forces qui pèsent sur le consommateur. Une « force de clocher », avec tendance au conservatisme dans la préservation des acquis, une « force d'expansion » « qui rend les consommateurs avides de changement »[14]. Or, les publicités brésiliennes, si elles encouragent la participation au monde innovateur de la consommation, jouent tour à tour sur les deux tableaux en activant tantôt des valeurs de modernisation, tantôt des valeurs traditionnelles, tantôt transnationales, tantôt locales.

Une rhétorique identitaire se manifeste jusque dans le quotidien. Les arguments de nature identitaire sont donc susceptibles d'entrer dans les jugements de valeur par le biais anodin de publicités accompagnatrices d'articles informatifs.

Les réflexes identitaires : objets d'une critique sociale

Les réflexes identitaires peuvent aussi servir de toile de fond à une critique sociale. De telles manifestations sont multiples mais il nous faut souligner le rôle indéniable du texte littéraire dans cette visée critique. La fiction telle qu'elle se présente dans le roman brésilien, *O Matador* (1995), de Patrícia Melo sert de matière première sur laquelle s'élabore une argumentation sur les problèmes inextricablement liés de l'identité et de l'insertion sociale. Comment l'individu se définit-il socialement et comment, en conséquence, peut-il s'attendre à être perçu par autrui sur la base de la reconnaissance sociale et aussi de son pouvoir économique, voilà autant de questions qui sont au cœur de la problématique du roman... Cette fois, par contraste avec le rôle qu'elle jouait dans les publicités précédemment étudiées, la traversée identitaire établit une

---

[12] *Ibid.*, p. 83
[13] *Ibid.*, p. 127
[14] P. Chareaudeau, *Langage et discours. Éléments de sémiolinguistique*, Paris, Hachette, 1983, p. 120

zone conflictuelle entre les aspirations de l'individu et ce que lui présente la réalité collective. La reconnaissance de l'individu au sein d'une collectivité est souvent interprétée métaphoriquement comme un lieu à conquérir, « la place au sein d'une société ». On dit aussi « la place qu'il réussi à se tailler» comme s'il s'agissait d'un accomplissement. C'est au sens où cette reconnaissance s'obtient par une spécificité, une utilité pour le groupe que ce dernier lui concède ou que l'individu obtient. Bref, il sort de l'anonymat pour participer à la collectivité. De l'individuel, il passe au collectif ce qui est vu métaphoriquement comme l'appropriation d'un espace. Une telle incursion dans le sens commun révèle un aspect essentiel de cette préoccupation : l'identité n'est pas fixée à l'avance pour l'individu mais se présente comme une quête qui passe souvent par la reconnaissance des pairs.

Maíquel, personnage principal assumant aussi le rôle de narrateur, est ce jeune homme qui incarne le rôle du tueur dans le roman. Il tente de faire sa vie dans le milieu difficile et violent d'une périphérie urbaine, le roman faisant appel ainsi à l'authenticité d'une réalité sociale brésilienne. Loin d'être animé par l'enthousiasme de la jeunesse face à un projet de vie, il est aux prises avec la désillusion qui prend, à ses yeux, la forme de la malchance et du destin. Maíquel en viendra à pratiquer le meurtre en chaîne sans apparemment aucun remords. Les tourments d'un premier crime, celui de Suel, lui apparaissent mais qui feront place peu à peu à l'indifférence, celle-là même qu'il semble pourtant dénoncer :

> Depois que matei Suel, muita coisa mudou na minha vida. Acabou-se a lógica. Eu ia pela margem, no escuro, eu andava na contramão e tudo bem margens e contramão. Eu fazia tudo errado, ninguém via, e se via não ligava e se ligava, esquecia, porque a vida é assim, já foi dito que tudo acaba assim, no esgoto do esquecimento. (Melo : 1995 : 25)

Puis, le meurtre se transforme en entreprise « rationnelle » destinée à mettre de l'ordre dans les situations et à éliminer l'adversaire. Le malaise du début fera place à la froideur. Son désir de plaire à autrui, quel qu'il soit, le commerçant du coin, sa petite amie, le quartier, etc., et de faire sa place dans un milieu hostile l'amènent à favoriser le crime comme moyen de se constituer une identité et de la préserver.

L'écriture même du roman fait taire toutes voix dissidentes face au crime. Tout semble passer par la conscience perturbée du narrateur-personnage : les marques de discours rapporté s'estompent pour fondre les paroles d'autrui dans une sorte de rumeur générale où aucune voix n'adresse des torts et où tous endossent tacitement ce mode de faire, par « ... la fusion des pensées et des paroles, que ce soit celles de Maíquel ou d'autres, dans une narration qui ne souligne pas la 'propriété' des paroles mais se les approprie dans un flot constant[15] ». Banalisation du crime, pratique du silence pourtant lourd de sous-entendus font que le quotidien ressort dans une fausse naïveté et sans responsabilités assumées.

La sanction éthique ne fait pas le poids comparé aux gains sur le plan économique et identitaire que procurent ces crimes. Maíquel s'enorgueillit de son pouvoir nouvellement acquis sur le plan des relations avec les femmes :

> ...eu saía com algumas mulheres, mais as mulheres são todas iguais, elas berram na cama e eu não gosto de mulher que berra na cama, eu não gosto de mulher que gosta de dar suas opiniões depois de foder, eu não gosto de mulher que me chama de meu amor, meu amor, o caralho, eu sou o matador. (Melo : 1995 : 115)

C'est la même chose au niveau de la reconnaissance indisputée qu'il finit par obtenir de son entourage. Lui qui était auparavant exclu socialement et économiquement accède à un confort qu'il va promouvoir ostensiblement.

> Senti uma coisa quente dentro do meu peito, uma paz quente, sei lá o que me deu, não foi o uísque, foram as palavras do delegado que me trouxeram aquela paz, aquele orgulho. Um delegado me propondo sociedade, eu era mesmo ume pessoa querida no bairro, eles passavam e buzinavam, acenavam as mãos, senti tanta paz, senti vontade de mostrar o cadáver de Cledir para o delegado, mas isso eu não fiz, achei melhor não fazer. (Melo : 1995, 124)

Le roman pose le dur problème de la subversion de cette identité légitimée au sein d'un groupe, en mettant en scène un jeune voyou qui s'aperçoit peu à peu du pouvoir qu'il obtient des siens en tuant. Paradoxalement, plus il est violent et menaçant, moins son rôle social est contesté. Il se crée une identité incontestée par la dimension héroïque que supposent ses exploits, en même temps que par l'accumulation des biens et du statut social qui y sont liés. Les attributs d'une telle identité ? Ceux du pouvoir, ceux aussi de la société de consommation. Cette identité est-elle légitime? L'identité comme qualité de l'être passe par la reconnaissance venue des autres, qui, à son tour, dans ce contexte particulier de la fiction, se trouve subvertie en termes de possession : plus l'individu accumule richesses et pouvoir —deux entités du même ordre dans le roman brésilien—, plus son identité est établie. Roberto DaMatta soutient que l'identité brésilienne se distingue par la valorisation accordée à la relation sociale :

---

[15]Danielle Forget, « La violence et les représentations de la société canadienne dans deux romans: convergences ou divergences ? », *Interfaces Brasil/Canada*, vol. 1, no 1, p. 162.

> Realmente, o que mais chama atençao no caso brasileiro é essa capacidade de relacionar numa corrente comun nao só pessoas, partidos e grupos, mais tembém tradiçoes sociais e políticas diferentes. A comunidade norte-americana seria homogênea, igualitária, individualista e exclusiva; no Brasil, ela seria heterogênea, relacional e inclusive. Num caso o que conta é o indivíduo e o cidadao; noutro, o que valé a relaçao. [...] Pois se o indivíduo (ou cidadao) nao tem nemhuma ligaçao compessoa ou instituiçao de prestígio na sociedade, ele é tratado como um inferior[16].

La reconnaissance de l'individu par le groupe tiendrait au processus d'accumulation des biens matériels et symboliques. S'il y a usurpation et subversion des moyens pour accéder à l'identité, la fiction dépeint tout de même une société qui permet de fabriquer un tel monstre. L' exploitation des traits identitaires dans le roman ne fait pas que dépeindre une réalité : elle vise indéniablement la critique sociale.

Mais malgré toute la reconnaissance que le personnage réussit à obtenir et les attributs d'une identité qu'il s'arroge, Maíquel n'a pas d'avenir. Le dénouement du récit ne sera pas tendre à son égard. Si les normes sociales et les lois sont incapables de mettre un frein à l'escalade que constitue cette tentative d'appropriation même par des moyens illicites, la loi du plus fort qu'il exerçait sur les autres se chargera de causer sa perte. La violence qu'il exerce se retourne contre lui et le tueur périra aux mains d'un groupe dissident qui contournera la loi pour l'abattre.

Le roman construit une critique de l'appareil judiciaire, mais surtout il dénonce l'appropriation de ces valeurs identitaires artificielles qui remettent en question l'ordre social. Comme j'ai tenté de le faire ressortir, les réflexes identitaires apparaissent dans une tension entre les aspirations individuelles du personnage et la caution collective. Cette tension se construit graduellement en suivant le cours d'une trame narrative qui met en question les valeurs sociales et sollicite le lecteur comme juge des moyens employés pour remplir des fins identitaires.

Conclusion

La problématique identitaire traverse les discours et se manifeste sous des aspects différents, parfois en conjonction, parfois en contradiction ou du moins en déplacement par rapport à ces discours. Après tout, chaque individu côtoie — produit et consomme — des énoncés de toute provenance dans un court laps de temps chaque jour sans nécessairement discriminer sur leur origine — plus ou moins crédible ou sérieuse, assailli qu'il est par le lot d'information. Publicités, actualités d'un jour-

---

[16]Roberto Da Matta, *A cas e a rua. Espaço, cidadania, mulher e morte no Brasil*, Sao Paulo, Editora brasiliense, 1985, p. 65-66.

nal télévisé, de la presse écrite, documentaires et rumeurs font partie du flot discursif auquel nous sommes exposés ; ils contiennent chacun à leur façon et selon leurs contraintes, des modèles collectifs. Ils sont susceptibles d'enrichir notre sens de l'appartenance à un groupe, de créer des ruptures entre nos aspirations individuelles et nos identifications collectives, mais ce flot — emmagasiné consciemment ou non — nourrit nos interventions, notre savoir comme notre identité.

C'est dans cette optique que j'ai abordé les traits identitaires sous-jacents dans trois discours brésiliens de provenances différentes. La nature des traits identitaires, leur fonction dans le texte qu'ils servent, de même que leur contribution à la cohérence identitaire brésilienne tend à montrer que la problématique identitaire sous-jacente relève davantage du Soi dans son articulation avec l'Autre que dans une confrontation de deux rôles.

La publicité présente dans une revue comme *Epoca* manifestait des traits identitaires dans la contiguïté avec d'autres préoccupations sociales et internationales, le Brésil se définissant dans sa capacité de participation aux grands enjeux de l'heure. Abordée sous un autre angle dans les publicités spécifiquement touristiques, l'identité s'accroche aux stéréotypes de la spécificité régionale et nationale, en exploitant, par le biais de l'écriture, perceptions et sentiments. Toute confrontation de valeurs, ou de différences entre le Brésil et le pays d'origine du voyageur qui pourraient s'avérer choquantes sont oblitérées ; plutôt parle-t-on de contraste, ce qui, du point de vue touristique devient un avantage de la découverte.

Par contraste, le texte littéraire permet de souligner explicitement les tensions identitaires. Telles qu'articulée dans le roman, l'identité peut être abordée dans sa dimension plurielle et dans sa contradiction. L'anti-héros du roman n'incarne-t-il pas les manques, les désillusions de la question identitaire qui ne concerne jamais le « je » seul, mais son articulation avec l'Autre, les tensions entre l'individuel et le collectif en devenir.

L'argument identitaire est un procédé rhétorique hautement privilégié dans les textes étudiés et que l'on retrouve dans toutes les sphères du discours social brésilien — oral ou écrit. L'identité est plus qu'un thème : on peut dire qu'elle sous-tend une rhétorique sociale. Les paramètres traditionnels de l'identité sont-ils toujours valables ? Loin d'être déclassés, ils surgissent en conjonction avec de nouveaux paramètres et leur association ou disjonction dans les discours étudiés montre, me semble-t-il, sinon des tensions du moins un dynamisme.

Dans le texte, que ce soit sous couvert d'un slogan publicitaire ou d'un récit, un univers est mis en scène qui fait intervenir des savoirs, des schèmes imaginatifs, des perceptions, etc. pour le guider dans l'interprétation, tout cela prenant place dans un espace-temps, celui du texte soumis à la lecture et donc, à la compréhension. Il se construit peu à peu pour le lecteur un univers cognitif qui se consolide au fur et à mesure que la cohérence s'établit. En ce sens, interpréter le texte, c'est accéder à ce programme de lecture qui permet une saisie plus pertinente des éléments de sens en présence. Les traits identitaires, présents sous différentes formes dans les trois types de textes, font partie intégrante de cette cohérence à construire. En tant que procédés activés sur le plan rhétorique et contribuant à l'argumentation, ils apparaissent sous trois formes principales : dans les brochures touristiques, les traits identitaires sont principalement sollicités pour activer les émotions et suggérer une atmosphère de vacances idéales ; dans les publicités associées à la composition de la revue d'actualité, ils sont investis comme arguments pour la sélection d'un produit ou service ; misant sur le déploiement du texte, le roman, quant à lui, élabore une visée critique des réflexes identitaires par la mise en situation qu'opère le plan narratif.

Bibliographie

Benveniste, Émile, *Problèmes de linguistique générale*, Paris, Minuit, 1966.

Chareaudeau, P., *Langage et discours. Éléments de sémiolinguistique*, Paris, Hachette, 1983.

Chauí, Marilene *Conformismo e Resistência,* Sao Paulo, Brasiliense, 1986.

Da Matta, Roberto, *A cas e a rua. Espaço, cidadania, mulher e morte no Brasil*, Sao Paulo, Editora brasiliense, 1985.

Época, Ano III, n⁰ 107, 5 de de junho 2000, Editora Globo.

Machado da Silva, Juremir, *Le Brésil, pays du présent*, Paris, Desclée de Brouwer, 1999.

Wieviorka, Michel, *La différence*, Paris, Balland, 2001.

L'hégémonie globale : un mythe de la raison productive. Analyse des discours

Catalina Sagarra
Trent University

Aborder un sujet tel que celui de l'hégémonie globale peut nous faire courir le risque de ressasser bien des lieux communs. Pour éviter cet écueil, nous essaierons de ne pas nous en tenir à ce que la doxa brasse à travers les différents médias qui se penchent sur la question, même et surtout parce que nombre de ces discours doxiques sont plus séduisants que pertinents. Il s'agit plutôt de se pencher sur les paradigmes qui traversent le discours social pour évaluer les tiraillements idéologiques qui le façonnent, le dé-sémantisent et le re-sémantisent au gré de l'acceptation du corps social et des intentions des tenants du pouvoir qui se meuvent dans les sphères de décision socio-politico-économique ; en insistant bien-entendu sur le dernier vocable de ce composé, car l'économie est devenue le lemme des néo-démocraties : le pouvoir s'évaluant en termes de finances et non plus en termes de valeurs idéologiques, celles-ci n'étant plus qu'une conséquence des premières. Ainsi s'explique l'imposition de l'Euro en Europe, l'état de siège économique argentin ou la dollarisation du Mexique, pour ne citer que les manifestations les plus récentes de ce nouvel état d'esprit. C'est dans ces déplacements de significations et de gestion des valeurs que la doxa manifeste ses tensions, voire ses contradictions, très révélatrices du malaise qui traverse notre société. De ces tensions, nous évaluerons les négociations où l'idéologie néo-libérale de l'économie de marché affiche les stratégies discursives mises en place pour avoir prise sur le corps social dans l'objectif de parvenir à un consensus sur le bien-fondé du mouvement globalisateur.

Nous allons voir ce que nous disent, d'une part, les groupes corporatifs sur les politiques économiques qu'ils prétendent imposer envers et contre tous ceux qui s'opposent haut et fort à la globalisation, en tentant de voir comment se sont déployés ces discours qui nous martèlent à longueur de journée les bienfaits que l'économie globale va nous apporter, à nous, Occidentaux, qui oublions très facilement que la notion même d'Occident est une abstraction géo-politique et qui négligeons tout ce qui ne fait pas partie de la suprématie blanche impérialiste et/ou ex-colonisatrice. Nous verrons aussi, d'autre part, ce que nous disent d'autres voix, discordantes celles-là, mais essentielles à la compréhension des débats actuels. Ceci nous permettra de ne pas nous en tenir à une perception unique du phénomène qui ne ferait aucunement justice aux divers mouvements sociaux qui élèvent leurs voix et rassemblent leur énergie pour freiner autant que possible la cavalcade de la globalisation et l'ébranlement des sociétés qui en découle. Là, transparaissent les tensions les plus vives qui traversent l'hégémonie discursive que les mass-médias tentent de faire prévaloir tant dans les objections parfois timides, parfois plus virulentes de la gauche actuelle que dans les panégyriques des défenseurs de l'économie néo-libérale. Toutefois, nous nous attarderons surtout à des voix qui ne peuvent se classer dans aucun de ces deux espaces. Nous écouterons ce que nous disent les voix des plus démunis, celles qui ont le moins de possibilités de se faire entendre et qui pourtant, malgré leur faible poids sur l'échiquier des économies de marché et le peu de ressources stratégiques qui sont théoriquement à leur portée, parviennent à ébrécher le conformisme ambiant de peuples qui ignorent jusqu'à leur existence, à savoir nous les Occidentaux. Ces voix parviennent à nous faire percevoir des problèmes humains réels qui affectent directement les ressources naturelles des terres qui leur permettent de vivre. Et si la destruction de l'écosystème ne suffisait pas à éveiller la conscience occidentale, ces voix sonneraient également l'alarme sur une autre destruction, celle de vies humaines cette fois, ce qui est bien plus dramatique, car ces voix nous précisent dans leur agonie que ce sont leurs vies que l'on sacrifie. En effet, personne ne semble se rendre compte que jamais ces voix qui s'élèvent n'ont choisi de « se » sacrifier pour une quelconque conception de l'économie de marché.

Nous nous sommes donc proposée de prêter une oreille attentive à ces voix afin de traiter ce que nous nommons ici le « mythe de l'hégémonie globale» où la mise est une mise en échec de l'*Autre*. Si les mythes représentent, comme le rappelle Edith Hamilton[1], « la science des premiers âges », il n'en est pas moins juste qu'ils sont aussi et surtout le résultat de tentatives discursives « pour expliquer ce qu'ils [les hommes] voient autour d'eux », ou dans le cas présent, ce qu'ils déploient sur l'ensemble de la planète. Il faut, pour que le mythe soit effectif, donc actif dans la société qui y croit, qu'il fonde et justifie tout le comportement et toute l'activité de l'homme[2]. C'est donc par rapport à ces fonctions que le mythe doit être analysé, car il raconte avant tout « une histoire sacrée », en l'occurrence l'histoire de l'institutionnalisa-

---

[1] Edith Hamilton, *La Mythologie*, Belgique, Marabout Université, 1962, p.11.
[2] Mircea Eliade, *Aspects du mythe*, Paris, Gallimard, coll. « Folio/Essais », 1963, p. 15.

tion et de l'automatisation de la planète, voire de son contrôle digital. Il s'agit dès lors d'expliquer comment cela s'est produit, comment cela a commencé à « être ». Dans ces temps prestigieux, ce qui arrive « réellement » ne recouvre qu'une importance mineure par rapport à l'avènement de la chose. Tels des êtres supranaturels, les pouvoirs corporatifs ne sont pas perçus comme des entités réelles, ils surplombent l'entendement commun, tout le monde en parle comme si effectivement il s'agissait d'une abstraction, mais bien peu peuvent mettre des noms et renvoyer à des réalités tangibles : le monde est perçu dans une complexité dépassant l'entendement commun. Les manifestations antimondialisation qui accueillent périodiquement les sommets des chefs d'états et d'entreprises en sont la marque la plus évidente, car l'opposition est globale, seuls quelques néophytes en saisissent les enjeux véritables, tout se jouant hors champ[3]. L'opposition s'adresse tout simplement aux métadiscours qui sous-tendent le mythe.

C'est à travers ces activités « créatrices » du mythe que le corps social saisit les manifestions des nouveaux pouvoirs en place, et l'effacement de la main créatrice devant sa création révèle ce qui constitue le mythe : la sacralisation des œuvres. C'est donc dans cette irruption du sacré que se fondent les nouvelles réalités du monde. En effet, comme le rappelle Mircea Eliade, le mythe en tant qu'histoire sacrée (ou *histoire vraie*), « se réfère toujours à des *réalités*[4] ». Autrement dit, le mythe de l'hégémonie globale est *vrai* parce que la *globalisation* est là pour le prouver. La fonction primordiale du mythe est dès lors de révéler l'exemplarité des modèles. Et c'est précisément là-dessus que misent les discours des pouvoirs corporatifs : révéler le caractère exceptionnel de ce qu'ils parviennent à *faire*, de ce qu'ils parviennent à *créer* en institutionnalisant ce qui jusque-là échappait aux textes. *Faire* et *créer* doivent ici s'entendre dans un sens qui précisément ne leur est pas propre. Car ces pouvoirs ne créent rien, ils récupèrent ce qui existe déjà pour l'incorporer à l'économie de marché et exploitent outre mesure ce qui jusque-là ne faisait partie que d'un marché insignifiant.

Mais pour que cette emprise sur toutes les ressources de la planète (naturelles et humaines) revête le caractère sacré qui activera le mythe, il faut que les discours de ces pouvoirs monopolisent les croyances populaires en la suprématie des valeurs (perçues comme étant les seules vraies « bonnes valeurs ») auxquelles adhèrent le corps social. Comme

---

[3] Pensons aux manifestations de Seattle (3 décembre 1999), Davos (29 janvier 2000), Bangkok (12-19 février 2000), Washington (16 avril 2000), Genève (25 juin 2000), Millau (30 juin 2000), Prague (26 septembre 2000), Nice (6 décembre 2000), Davos-Porto Alegre (janvier 2001), Québec (21-22 avril 2001), Göteborg (15 juin 2001), Gênes (20-22 juillet 2001), etc.

[4] *Ibid.*, p. 17.

le rappelle Umberto Eco, « Le pouvoir n'est jamais engendré par une décision arbitraire prise au sommet, mais il vit grâce à mille formes de consensus minuscules ou « moléculaires ».[5] » Nous assistons dans les manifestations discursives des pouvoirs corporatifs et étatiques à la mise en forme du mythe de l'éternel retour où le monde est sacralisé pour les besoins du moment : le gain pécuniaire immédiat enveloppé dans un discours prônant le bien commun. C'est dans cet état d'esprit que nous avons assisté, au début des années 80, à la reprise en cœur mondiale de la mélopée américaine qui stipulait allègrement que les « bonnes âmes » américaines étaient le Monde, et que les dons des particuliers pouvaient faire toute la différence (il s'agit, on l'aura deviner de l'album *USA for Africa* d'où sont issus les deux grands succès populaires *We are the World* et *Do they know it's Christmas* avec les deux concerts simultanés qu'il y eut à Londres et à Philadelphie en 1985). C'était là le message que tous devaient entendre. La parole messianique devait atteindre toute la planète et elle le fit. De là aussi que l'actuel président, George W. Bush, ait déclaré après les événements du 11 septembre qu'il était impressionné « qu'il y ait une telle incompréhension de ce qu'est notre pays et que des gens puissent nous détester. Je suis comme la plupart des Américains, je ne peux pas le croire, car je sais que nous sommes bons[6] ».

Le mythe de l'hégémonie globale promu par les États-Unis, puisqu'ils en sont les principaux bénéficiaires, fait ainsi appel à un imaginaire d'entente et de concorde fondé sur de bonnes intentions. Plus récemment, le sénateur Jesse Helms affirmait, en 1996, que la morale reposait à présent sur ce que les Américains décidaient de valoriser : « [...] les États-Unis doivent diriger le monde en portant le flambeau moral, politique et militaire du droit et de la force, et servir d'exemple à tous les peuples[7] ». Ici, le discours devient plus clair et les bonnes intentions jumellent la force de la répression militaire que cette nation n'hésite pas à déployer, comme elle l'a prouvé une fois de plus en Afghanistan, pour écraser ceux qui ont des idées différentes ou qui prétendent tout simplement saper les assises du mythe en s'attaquant précisément à des symboles. En 1999, Charles Krauthammer affirmait lui-aussi tout aussi péremptoirement que « L'Amérique enjambe le monde comme un colosse[...] » et que « Le XVIIIe siècle fut français, le XIXe anglais et le XXe siècle américain. », pour finalement conclure que

---

[5] Umberto Eco, *La Guerre du faux*, Paris, Grasset, 1985, p. 255.

[6] Ignacio Ramonet, « Guerre totale contre un péril diffus », *Manière de voir* n° 60, Paris, novembre-décembre 2001, p. 6.

[7] Jesse Helms « Entering the Pacific Century », Washington, DC, Heritage Foundation, 1996, cité dans Philip S. Golub, « Rêves d'empire », *Manière de voir no 60*, Paris, novembre-décembre 2001, p. 14.

« Le prochain [siècle] sera à nouveau américain[8] ». Les forces supranaturelles sont présentes à travers l'image du colosse et le mythe de la suprématie occidentale est passé aux mains des Américains, dans une lignée tout à fait traditionnelle, puisqu'elle remonte ici au siècle des lumières, donc à l'avènement du « progrès » tel que nous le concevons encore de nos jours. De toutes ces affirmations ressort clairement le mythe de l'éternel retour, le monde fondateur des origines, aux mains des Américains.

Le vingtième siècle s'est annoncé, il semblerait, sous l'angle d'un renouvellement planétaire tout entier aux mains des États-Unis, même si leur participation sur l'échiquier politique occidental ne remonte qu'à leur intervention tardive à la seconde guerre mondiale. Cette nouvelle acception du monde passe par la médiatisation des discours et claironne que toute opposition à ce cheminement « naturel » de l'histoire de l'humanité sera perçu comme étant un débordement « contre-nature ». Les discours en faveur de l'hégémonisation des législations visent clairement l'imposition des valeurs et des objectifs capitalistes et reposent sur la notion de sacrifice, que ce soit de vies humaines ou de l'écosystème, sinon des deux, à partir du moment où il y a opposition entre les intérêts des tenants du pouvoir et les citoyens-sujets.

Se posant en « dieux », les tenants des pouvoirs économiques s'attribuent le droit de prescrire ce que le bien et le mal doivent être, puisque, comme le disait Krauthammer, la morale, la politique et la force sont inséparables dans l'idéologie néo-libérale des nouvelles démocraties. Nos élites s'octroient ainsi le droit de punir les parjures qui s'opposent aux discours « vrais » dont ils auraient l'exclusivité. Ces discours légiférants servent de substrat à toutes les autres mises en formes discursives, car pour que le mythe existe et puisse remplir ses fonctions sur l'imaginaire collectif, il a tout d'abord fallu que le corps social en accepte les enjeux, c'est-à-dire qu'il a fallu que soit accepté les paradigmes sur lesquels repose la nouvelle acception du monde que nous proposent les tenants de l'économie globale. À travers ces discours explicatifs, le mythe pose les enjeux d'un discours justificatif pour que le *vulgum peccus* n'essaie pas de désintriquer la complexité des accords qui vont légiférer le futur des économies nationales et qu'il accepte que les vœux de transparence dont se parent les déclarations gouvernementales sont effectivement sincères et « vrais », car visant le bien de la collectivité.

Le mythe a ceci de particulier qu'il est un lieu privilégié pour que l'imaginaire discursif puisse véhiculer un amas d'enjeux d'ordres divers : scientifique, économique, politique et/ou religieux touchant au

---

[8] Charles Krauthammer, « The Second American Century », *Time Magazine*, New York, 27 décembre 1999.

social par différents biais. Mais ce n'est qu'à travers le corps social que les discours émanant des instances au pouvoir acquièrent leur véritable portée. Pris en charge par les diverses communautés qui composent la société et les credos par rapport auxquels celles-ci se définissent et conçoivent leur rapport au social, ils deviennent des biens symboliques. Le mythe peut dès lors se concevoir comme phénomène discursif social créé pour que des citoyens, en l'occurrence donc des êtres pris en charge par un système de lois auquel ils ne peuvent que se soumettre, aient un sens de leur univers, de leur « réalité » immédiate, mais sur lequel ils seront à même d'opérer des modifications, souvent dans le sens de la simplification en greffant des lambeaux d'autres discours avec lesquels ils se sentent plus à l'aise, plus familiers. Ceci les mènera à altérer le miroir discursif et perceptif qui leur était initialement présenté. En effet, comme nous le rappelle M. Foucault avec la publication des confessions d'un jeune normand, Pierre Rivière, coupable de parricide, il existe, même chez les plus démunis, une singulière aptitude à verbaliser un certain savoir, et donc à « savoir » le monde autrement que les pouvoirs ne le voudraient[9].

Ainsi en fut-il avec un porte-parole de la communauté Embera-Katio. L'hiver 1999, Kimi Pernia Domico, indigène colombien, vint à Ottawa pour informer les dirigeants canadiens de l'ethnocide dont son peuple était la victime depuis que, sur leurs terres, devait s'implanter un barrage hydroélectrique subventionné en partie par le gouvernement lui-même. Il espérait que l'audience qui lui avait été accordée agite quelques consciences et l'aide à mettre un frein, voire un terme, à la disparition de son peuple et de l'écosystème dans lequel il vit. Ce projet, nommée Urra, avait inondé près de mille hectares de terres et était à l'origine de pertes humaines considérables chez les Emberas. La visite de Kimi Pernia Domico au Canada n'eut absolument aucun effet auprès des autorités, mais attira néanmoins l'attention de certains groupes d'opposition à l'hégémonie économique visée par ces mêmes autorités.

Au mois de juin 2001, Kimi Pernia fut séquestré par des paramilitaires, groupes douteux parce qu'à l'identité trouble. En effet, sur eux planent de nombreux doutes touchant, entre autres, à leurs sources de financements, leurs objectifs et la provenance des mots d'ordre auxquels ils obéissent. Leur identité étant mal définie et peu définissable, les discours sociaux qui en rendent compte sont assez contradictoires dépendant des allégeances qu'ils entretiennent avec les idéologies énonciatrices. La disparition de ce porte-parole, de cette prise de conscience revendicative indigène équivalait pour le peuple Embera à la

---

[9] Michel Foucault, *Moi, Pierre Rivière, ayant égorgé ma mère, ma sœur et mon frère*, cité dans Delacampagne, *Histoire de la philosophie au XXe siècle*, Paris, Seuil, 2000, p. 329

perte de son « ultime porte-parole », les précédents ayant encouru un sort similaire, mais renforçait paradoxalement l'éveil que leur lutte avait suscité dans des collectivités avec lesquelles ils n'auraient jamais dû avoir le moindre contact, car elles sont hors de leur périmètre national. En bout de ligne, ce sacrifice d'une vie humaine venait ôter la dernière épine *in situ* au projet Urra, épine d'autant plus irritante qu'elle était parvenue à dépasser l'espace restreint qui était le sien, à savoir les montagnes colombiennes. Avec ce sacrifice, le projet Urra n'avait plus à s'inquiéter des voix indigènes qui s'élevaient contre la bonne marche de l'expansion du mythe occidental du progrès, mais il héritait de l'écho que la visite de Kimi Pernia avait suscité auprès de certains groupes sociaux.

Cette remarque est importante car la voix de Kimi Pernia Domico était celle des plus démunis, et qui, malgré l'éloignement géographique, donc physique qui sépare un bout du continent de l'autre (rapports violents Sud-Nord), avait pu franchir toutes les frontières (politique, économique et sociale) pour toucher des groupes d'opposition là même où l'objet de la déchéance et de la destruction prenait ses racines. Kimi Pernia Domico était un ayant droit du discours des sans-voix parce qu'il appartenait à cette même communauté et qu'il pouvait s'opposer, corps et âme, à ce qui visait la déstabilisation du rapport au monde propre à cette même communauté. En d'autres termes, un discours local, voire en marge même du local, puisque sa communauté est marginale dans sa localité même, un discours local, donc, dans tous les sens du terme, avait débordé du cadre dans lequel la paupérisation (perçue ici à l'aune du matérialisme caractérisant le progrès) devait l'acculer. Une communauté des plus marginales et, comme toute minorité dévalorisée, des plus marginalisées, avait pu franchir l'abîme qui, sur l'échelle verticale des valeurs sociales servant encore de barème évaluateur à la communauté occidentale, sépare le peuple Emberra des instances du pouvoir canadiennes.

Tout devait maintenir les uns éloignés des autres, à commencer par la langue. Or, ce ne fut pas le cas. Cet indigène était parvenu à élever sa voix au-dessus du chaos qui règne actuellement encore en Colombie pour faire entendre d'autres mythes, en péril il est vrai, et qui ne s'attachent pas à la notion de progrès capitaliste mais bien plutôt à la terre nourricière que le projet hydroélectrique avait en vue de ravager. Le mythe du progrès aux effets hégémonéisateurs ne les concernaient pas, car les liens que cette population entretient avec son environnement immédiat n'ont aucunement besoin d'être consolidés idéologiquement, voire théologiquement par le discours de la raison productive. Il ne pouvait y avoir aucun terrain d'entente, car les uns appliquent un raisonnement déductif pour mettre en discours des revendications visant la protection de l'environnement, alors que les autres tiennent un raisonnement inductif pour justifier leur maîtrise et savoir-faire dans l'appropriation de cet environnement qui n'est pas le leur.

Dans ce dernier cas, le discours corporatiste répond à une construction cosmogonique occidentale qui s'adresse à des individus « occidentalisés », les autorités colombiennes se situant sur ce versant du paradigme barbares/civilisés (ou occidentalisés). À travers le local, elles n'hésitent pas à œuvrer pour des intérêts autres que ceux de la communauté nationale directement affectée par les mesures prises et bénéficiant des intérêts étrangers, nord-américains en l'occurrence. Ainsi, il s'agit d'individus qui ont accepté les prémisses du progrès technique au nom duquel les pouvoirs n'hésitent pas à sacrifier des vies humaines et grâce auquel ils peuvent renvoyer l'image d'un monde « unifié » où le capitalisme aurait fait ses preuves (en tant que promoteur du progrès) et serait parvenu à améliorer le sort des travailleurs. Peu importe que les Emberas ne rentrent pas dans cette définition des rapports sociaux où les individus s'évaluent en termes de force productive puisqu'il est unanimement admis que le « progrès » exporté par les pays capitalistes aurait aussi amélioré le sort des pays en voie de développement. Voilà comment le peuple Embera est récupéré dans les termes de l'équation du progrès néo-libéral. Le capitalisme étant « bon » comme il est claironné tout azimut, il assure le bien-être national et international, car il contribue à la participation des peuples à la sacralisation du progrès là où ne règnent que chaos et barbarie. Face à ces constats, qui bien évidemment sont fort contestables, les peuples indigènes, comme les Emberas, de par leur hermétisme aux valeurs de la raison productive, deviennent des obstacles dont il faut se défaire sur l'autel des sacrifices, car le mythe du progrès veut que la science et la technologie soient, de nos jours, toutes-puissantes et jouissent du caractère illimité de l'emprise de leur savoir.

En effet, l'homme a toujours voulu maîtriser la nature, mais jamais autant qu'aujourd'hui, il n'en a tant disposé à sa guise : les recherches sur les génomes en sont une de ces manifestations les plus inquiétantes, non seulement dans les plus que douteuses finalités scientifiques qu'elles poursuivent, mais de par les mille préoccupations éthiques qu'elles soulèvent et auxquelles les scientifiques ne peuvent apporter de discours cohérents qui apaiseraient les inquiétudes de tous les « mécréants ». Cette maîtrise se manifeste donc par les « aberrations » qu'il fait subir à la nature pour bien tout répertorier afin d'extraire le maximum de tout corps vivant. Pourtant, le mythe du progrès scientifique n'a jamais eu aussi bonne presse, ce qui s'explique par le fait qu'il renvoie paradoxalement une image rassurante du lieu qu'occupe l'homme « occidentalisé » et à partir duquel il peut être à même de donner un sens à sa vie dans le magma où l'a projeté l'explosion de l'industrie des communications, explosion que nous pourrions qualifier de révolutionnaire puisqu'elle a drastiquement altéré le mode de vie d'un grand nombre d'êtres humains aux quatre coins du monde. La main mise sur cette industrie revient en effet à une main mise sur le discours social et partant, sur le sort des peuples sous son emprise. La fonction ontologique de la croyance et de la dévotion au progrès, à travers le mythe de l'éternel retour, s'explique aussi par l'incapacité de l'homme à se penser mortel. Fort heureusement la science est là pour le rassurer comme elle le peut, car l'homme est incapable d'accepter sa mortalité « réelle » et totale, ce que Castoriadis appelle « la deuxième mort venant après la mort à la totalité imaginaire, à la toute-puissance, à l'inclusion de l'univers en soi[10] ». Le mythe est en ce sens une « représentation » palliative, idéalisée, simplifiée et illusoire d'une « réalité » qui lui préexiste. Il travaille dans les soubassements de l'imaginaire social, pour simuler la stabilité d'un monde en perpétuelle évolution, où l'homme ne fait que passer.

Or, les temps modernes, ou plutôt postmodernes, se caractérisent par le rythme accéléré des changements de tout ordre. De Claudio Veliz à Castoriadis, en passant par Christian Delacampagne dont l'*Histoire de la philosophie au XXe siècle*[11] est un creuset où tout trouve un lieu et une raison d'être, tous les philosophes contemporains soulignent l'hétérogénéité qui nous inonde, dans laquelle nous sommes submergés et qui se caractérise par sa rapidité et sa léthargie. Dans cette situation, le libéralisme économique se porte à merveille alors que la société, dans son ensemble, sombre dans la paupérisation : chômage croissant touchant même les classes moyennes des pays industrialisés où la crise technologique sévit ces dernières années, exclusion, sous-développement et gaspillage des ressources planétaires, de tout organisme vivant, que ce soit dans les pays soi-disant développés ou dans ceux dont la situation économique politique et sociale s'évalue dans un rapport comparatif dévalorisant par rapport aux premiers.

Ainsi, par exemple, au Guatemala, où 60% de la population est indigène, et où les investissements se concentrent dans les grandes villes, la paupérisation de ces communautés devient de plus en plus alarmante[12], à tel point que l'ONU a déclaré qu'elles souffraient d'un « apartheid *de facto* » de par les modèles économiques et sociaux qui étaient là en place et qui excluaient la majorité de la population la

---

[10] Cornelius Castoriadis, « Réflexions sur le racisme », *Le Monde morcelé*, Paris, Seuil, 1990, p. 44.

[11] Christian Delacampagne, L'*Histoire de la philosophie au XXe siècle*, Paris, Seuil, 2000, 406 p.

[12] Il ne faut pas oublier non plus qu'au début des années 80, le gouvernement guatémaltèque s'était livré à un ethnocide sur ces communautés, en en rasant littéralement 450. Les excavations actuelles commencent à peine à éclairer ce sombre passé.

condamnant irrévocablement à la pauvreté. Dans le municipe de Totonicapán, l'indice de pauvreté atteint 55% de la population qui, selon les zones recensées, est composée à 75% et à 100% par des communautés indigènes. Les chiffres seraient même plus alarmants si l'indice de pauvreté ne couvrait pas l'ensemble du municipe et suivait de plus près les changements de concentration de la population indigène. Dans le domaine de la santé, là encore, ce sont les mêmes qui souffrent de l'indigence à laquelle les accule le mythe du progrès symbolisé par la grande ville où se trouvent 80% des médecins. Vivant hors des villes, les communautés indigènes ne bénéficient non seulement pas de soins de santé, mais elles se voient aussi hors d'atteinte du système éducatif canonisé dans les grandes villes. Ainsi, 60% de plus d'un demi-million d'enfants indigènes ne vont pas à l'école, ce qui a des répercussions d'un tout autre ordre : linguistique et juridique. En effet, les langues indigènes n'étant pas reconnues, la participation de ces communautés à la vie institutionnelle est sapée d'entrée de jeu. Elles n'en connaissent pas les ressorts et ne sont pas « capacitées » linguistiquement pour tenter un semblant d'approximation. Qui plus est, leur spécificité linguistique est officiellement ignorée, ce qui les plonge dans une « ethnoscopie » (perception de la race) dévalorisée dont les répercussions touchent, entre autres choses au non-accès des indigènes aux droits dont ils pourraient jouir. Ainsi, devant les tribunaux, ces individus de deuxième zone, vivant hors des villes et de leur rayonnement, ne peuvent aucunement avoir accès à un quelconque système de défense, même dans les très rares cas où ils connaissent les ressorts légaux dont ils disposent dans leur communauté. Il est donc dans l'intérêt des pouvoirs économiques et politiques de les maintenir en marge du devenir national, marge qui se pose en termes symboliques mais aussi physi-ques, voire géopolitiques.

Les laissez-pour-compte, les « outsiders » du système, ceux qui se situent dans les marges parce qu'ils ne participent pas directement à l'économie nationale et/ou internationale, soulignent paradoxalement que le capitalisme, dont le postulat sous-jacent veut que le seul objet de l'économie soit une production croissante avec un minimum d'investissements (en temps, en énergie et en devises), n'est pas la seule manière de concevoir le monde, même s'il semble effectivement avoir triomphé partout. Pour la grande majorité, il est accepté comme essentiel qu'il faille produire toujours plus de biens de consommation avec moins d'investissements ou encore et de façon plus synthétique, qu'il faille produire toujours plus de capital, et ce au moindre coût. Et rien ni personne n'a le droit de se dresser en obstacle à ce postulat, ni la « nature » physique ou humaine, ni la tradition, ni aucune « valeur[13] »,

---

[13] *Ibid.*, p. 20

comme le souligne à juste titre Castoriadis. Tout est ainsi convoqué devant le tribunal de la « raison » productive.

Le résultat final, hérité des « modernes », mais dans son versant négatif, est un désenchantement progressif de l'imaginaire du Progrès sans pour autant nuire à sa nécessité. Le capitalisme, le libéralisme et le mouvement révolutionnaire classique (les analyses de Marx se voulant universelles et exhaustives elles-aussi alors qu'elles ne répondaient, comme toutes analyses critiques de la société, qu'à des circonstances historiques bien particulières et qui ne pourraient aucunement s'appliquer aux collectivités indigènes, par exemple), partageaient la croyance que la puissance matérielle intrinsèque au progrès technique serait comme telle la cause ou la condition décisive du bonheur ou de l'émancipation de l'homme. L'automation et le traitement électronique des données le libéreraient des corvées répétitives et aliénantes que l'ère industrielle avait implantées. À l'encontre de cette croyance optimiste et ingénue, l'ère post-industrielle s'est soldée par une considérable augmentation des biens qu'un ouvrier peut produire à l'heure, sans que sa journée de travail enregistre dans son horaire une baisse équivalente, ni les salaires une hausse parallèle. Aujourd'hui les mouvements ouvriers en sont encore à lutter sur le même terrain qu'il y a 50 ans, quand ils n'ont pas à regagner le terrain perdu grâce à l'expansion de la « raison » productive dont ils souffrent le déplacement des limites géographiques. En effet, le Nord exploite les conditions de paupérisation déjà alarmantes du Sud. Paradoxalement, le corps social ne semble pas s'émouvoir outre mesure de la nouvelle tyrannie économique dont il est la première victime, le travail productif étant la seule valeur d'échange qui se vénère à l'ère du néo-capitalisme ambiant.

Cette indifférence n'étonne par ailleurs personne car la grande majorité du corps social s'est habitué à n'être qu'un simple spectateur des secousses que les réseaux de communications lui servent pêle-mêle et à la queue leu leu du matin au soir. Il ne lui est plus demandé d'opérer une quelconque synthèse des contradictions sociales, économiques et politiques qui l'assaillent de toutes parts. Il lui est simplement suggéré d'être le témoin du spectacle qui se déroule devant lui. Si effectivement il y a crise des récits, comme l'énonce Jean-François Lyotard, c'est en ce sens qu'aucun discours ne prétend autre chose que de rendre compte de la crise elle-même. Ces transformations discursives que l'Occident a vécues après la Seconde Guerre mondiale, bien que certains veuillent les faire remonter au tournant du XIXe siècle, se résument sous la plume de nombre de sociologues, d'analystes et de critiques sous l'appellation de postmoderne. Contrairement à Jean-François Lyotard qui définit la condition postmoderne comme celle de « l'incrédulité à l'égard des méta-récits[14] », nous pouvons aujourd'hui facilement nous

---

[14] Jean-Francois Lyotard, *La Condition postmoderne*, Paris, Minuit, 1979, p. 7.

apercevoir que ces méta-récits se portent à merveille, et ce qui affiche d'insondables lacunes, ce sont les discours critiques face à ces méta-discours, car aucun ne peut remettre en cause les postulats sur lesquels les méta-discours reposent. Ainsi les conditions d'exploitation des travailleurs reconquièrent progressivement le terrain que les luttes syndicales avaient gagné ; le statut des femmes est à nouveau sur la sellette non seulement dans des cas extrêmes comme en Afghanistan, mais aussi ailleurs et de façon plus subtile bien que tout aussi pernicieuse ; les enfants sont à nouveau surexploités aux quatre coins du monde et les peuples indigènes dépossédés de leur environnement comme aux temps des colonisations. Ce ne sont là que quelques exemples parmi les nombreuses manifestations du pouvoir dont jouissent encore et toujours les méta-discours que les « postmodernes » prétendent avoir déstabilisés.

Le corps social est en crise, effectivement, il n'y a aucun doute là dessus, mais la crise dont il est la victime est celle de l'infantilisation permanente à laquelle le soumettent les méta-récits. Les derniers événements du 11 septembre en sont une des dernières démonstrations à l'échelle mondiale. Les premières assertions qui facilitaient l'interprétation des faits soulevèrent mille et une questions qui furent toutes ignorées pour ne retenir que les énonciations initiales auxquelles tout le monde finit pas adhérer oubliant progressivement qu'aucune réponse n'avait jamais été fournie à aucune des interrogations premières. Il est donc fort utopique de penser que l'ère postmoderne se caractérise par une plus grande émulation du savoir qui donnerait à l'individu une formation étendue de ses connaissances lui permettant aussi de « bonnes performances au sujet de plusieurs objets de discours : à connaître, à décider, à évaluer, à transformer… [15] ». Les méta-discours transmettent encore « le groupe de règles pragmatiques qui constitue le lien social[16] ».

S'il est vrai que la critique postmoderne a mis à nu les mécanismes sur lesquels reposent les méta-récits, il n'en est pas moins vrai que le corps social y a bien peu gagné à les voir ainsi démasqués, sans doute parce que dans la société du spectacle qui nous caractérise et à laquelle nous nous sommes habitués, tout est matière à spectacle et ne requiert donc que peu de compétences de la part des spectateurs. La condition postmoderne aurait en quelque sorte été tributaire de l'étiolement des connaissances et des compétences de l'homme de par le supposé « décentrage » des méta-récits auquel elle se serait livrée. S'il y a crise des récits, c'est plutôt à ce niveau-là qu'il faudrait la situer. Faute de ne pouvoir produire de grands récits, la critique postmoderne s'est

---

[15] *Ibid.*, p. 37.
[16] *Ibid.*, p. 40.

acharnée à « déconstruire » des méta-récits sans que ceux-ci n'en soient le moins du monde affectés. De là que les réflexions d'un Noam Chomsky soulèvent bien plus d'inquiétudes que celles de Jacques Derrida ou de Jean-François Lyotard. Les postmodernes n'ont finalement pas été à même de relever le défi qu'ils s'étaient lancé, car les grands récits n'ont perdu ni leur crédibilité ni leur force, ils sont simplement repris diversement par des instances discursives appartenant à des sphères d'influence variées. En effet, comment soutenir face au mythe de l'hégémonie globale que l'accent soit placé sur les moyens plutôt que sur les fins, comme le suggère J.-F. Lyotard[17], si ce n'est en invoquant un grand récit nostalgique grâce auquel expliquer que la « transmission des savoirs n'apparaît plus comme destinée à former une élite capable de guider la nation dans son émancipation[18] », mais qu'elle fournirait à présent au système des êtres pouvant « assurer convenablement leur rôle aux postes pragmatiques dont les institutions ont besoin[19] ». Les analyses de Lyotard sur la condition postmoderne sont contradictoires en ce sens qu'il met lui-même en évidence un méta-récit qui veut que tout soit performatif en termes économiques et où le marxisme aurait perdu toute crédibilité, ce qui aurait pour avantage d'exclure l'adhésion à un discours métaphysique qui exigerait des esprits clairs et des volontés froides[20].

Or, le critère de performativité ne s'oppose en rien à un quelconque discours métaphysique puisque nous assistons parallèlement à un redéploiement des croyances. Non seulement ces discours sont compatibles mais leur interaction donne une nouvelle dimension au rapport ontologique de l'homme face à son environnement de façon à maintenir le consensus nécessaire à la bonne marche du système. Vouloir faire fi du discours doxique nous semble bien léger de la part des critiques postmodernes, mais il faut aussi dire que la volonté de démarcation eu égard aux modernes les avaient contraints à cette impasse.

En effet, l'énoncé « nous sommes les modernes » impliquait un jugement synthétique qui tendait à refuser, voire à détruire toute possibilité d'une émergence ultérieure. Cette autoproclamation enracinait son ubiquité dans le présent, elle se présentait ainsi comme l'unique horizon possible, l'avenir lui appartenant aussi. Les « postmodernes » se devaient donc de poser une finitude à cette main-mise conceptuelle sur l'infini tout en intériorisant cette autoproclamation comme un jugement synthétique à posteriori — terminologie que nous empruntons ici à Kant —, et que les « postmodernes » auraient intériorisé comme étant,

---

[17] *Ibid.*, p. 63.
[18] *Ibid.*, p. 79.
[19] *Ibid.*, p. 80.
[20] *Ibid.*, p. 100.

au contraire, un jugement synthétique à priori. Autrement dit, la liaison entre le sujet et le prédicat présentait, pour les postmodernes aussi, son caractère éternel du type : 5 + 7 = 12. C'est à cause de cette antinomie que les « postmodernes » manifestent dans leur conformisme analytique le malaise ontologique dont ils sont les victimes, car pour eux aussi, la validité des idéaux démocratiques n'est plus à contester. Voilà qui a amené Francis Fukuyama, politologue américain, à conclure naïvement, dans un esprit visiblement atteint de la fièvre « postmoderne », qu'après la fin des idéologies, nous sommes aussi parvenus à la « fin de l'histoire ». Notre temps, parce que « postmoderne », périclite malencontreusement vers le conformisme.

Dès après la Seconde Guerre mondiale, accentué par l'effondrement du mouvement ouvrier et l'émergence du totalitarisme, l'Occident se caractérise effectivement par l'évanescence des conflits sociaux, politiques et idéologiques. Bien sûr, il y a eu des mouvements importants où des voix, jusque-là marginales, se sont fait entendre : les femmes, les minorités, les étudiants ont momentanément ébranlé certaines assises de la société mais, tous ont abouti, comme nous l'avons déjà signalé, à des demi-échecs, puisque les droits durement et difficilement acquis se perdent progressivement. Le dernier à l'ordre du jour, notamment en Espagne, est celui du « libre accès » à l'université puisque des séries de réformes ont sévi tous les deux ou trois ans pour préparer le terrain et ce, depuis les quinze dernières années, afin d'adopter le modèle utilitaire, mercantile et élitiste nord-américain où les lois du marché serait la règle d'or qui dicterait les carrières dans lesquelles devraient s'engager la jeunesse ou, tout au moins, cette portion de la jeunesse qui pourra défrayer les coûts qui lui seront prochainement imposés. À noter que le Mexique est actuellement en crise parce qu'il se trouve, entre autres, dans cette même situation de réforme du milieu universitaire.

Aucun des mouvements de protestation n'a donc pu réformer ou proposer une nouvelle vision de la société, aucun n'a pu affronter les problèmes politiques globaux comme tels parce que la critique postmoderne n'en fournissait pas les balises. Ainsi, toutes les sphères culturelles différenciées incarnent, dans leur façon d'être et le mode par lequel elles se différencient, le même noyau de significations imaginaires de la société et toutes visent à la reconnaissance institutionnelle. La solution conformiste s'en remet fort souvent, voire toujours, à l'inscription législative. Les lois deviennent alors l'instrument qui octroie un espace idéel où les quémandeurs se perdent dans leur quête, oubliant que les êtres disparaissent dans les textes, tout comme la tradition orale s'est perdue quand la littérature a voulu la consigner à l'écrit. Les différents mouvements qui s'opposent aux accords de la ZLEA[21] en sont

---

[21] Zone de libre échange des Amériques.

une des ultimes manifestations. Même si elles sont massivement suivis à Seattle, à Québec, à Genève, etc., ces manifestations sont ponctuelles et ne déstabilisent aucunement les assises du pouvoir. Une fois la semaine de tumultes écoulée, tout retrouve son calme et sa routine. Pour éviter ces débordements, les dirigeants ont donc décidé d'explorer d'autres voies pour se réunir plus calmement, loin des grandes métropoles, comme au Qatar, ou à travers des réseaux moins visibles, comme les communications virtuelles.

Ainsi le capitalisme n'a plus à lutter contre le *statu quo* sur les chaînes de production ni dans les sphères des idées ou de l'art, car il ne rencontre aucune opposition globale. À chaque époque, la pensée est prisonnière des limites qui lui sont assignées par la structure empiriquement déterminée qui sous-tend la culture de cette époque. Les limites de la nôtre se manifestent par le refus d'une prise de position critique face aux temps, et en dernière analyse, face aux institutions réglementant la vie en société. Comme le souligne Castoriadis, la valeur du postmodernisme comme théorie est qu'il reflète servilement les tendances dominantes[22]. En d'autres termes, il fournirait une simple rationalisation de ce qui est déjà là, s'en tenant à n'être que l'expression du conformisme et de la banalité. De par le manque de critique réelle, l'imaginaire social ressent une grande confusion et de l'équivoque face au monde. Rien ne semble pouvoir être radiographié, voire cartographié, l'éclatement des limites nationales et des identités en étant la preuve ultime comme c'est le cas de nombreuses communautés appartenant jadis au bloc de l'Est. Tout semble beaucoup trop complexe pour être appréhendé, et face à cette complexité, le corps social baisse les bras, à l'instar des intellectuels. Cette allégation qui mêle le complexe à l'hétérogène veut qu'acceptation soit faite de l'hétérogénéité, justifiant et camouflant un état de fait des tendances dominantes. Cette acceptation devrait se saisir comme une manifestation de l'incapacité de notre époque à se penser dans le positif. De là la définition « post-quelque-chose », que ce soit « postmodernisme » ou « post-industriel ». Les références étant mortes (elles appartenaient aux modernes), le « post-époque-révolue » s'affirme dans sa négativité, tout comme le modernisme se voulait ancré dans le présent. Cette paupérisation intellectuelle se concrétise dans les bavardages à la mode sur le « pluralisme » et le « respect de la différence », dérivant inéluctablement sur la glorification de l'éclectisme, sur l'acceptation de la stérilité, car règnerait le principe qui veut que « n'importe quoi aille ».

Ainsi, on refuse actuellement de se poser des questions qui obligeraient à sortir des limites structurelles de la pensée ambiante. C'est que la pensée postmoderne se débat dans une antinomie sans issue

---

[22] Cornelius Castoriadis, *op. cit.*, p. 26.

raisonnable; elle essaie de justifier l'hétérogène, le « n'importe-quoi-va », tout en affirmant qu'elle défend la liberté, les droits de l'homme et la démocratie où *l'habeas corpus* se respecte vraiment. Les questions qui devraient être posées viseraient plutôt à se demander ce que nous devons penser de tout cela, et si nous devons accepter que toutes les manières actuelles de se penser se vaillent, qu'elles soient donc équivalentes, voire indifférentes, comme le prônerait, par exemple, le respect des différences et l'acceptation de l'hétérogène.

Pour résumer, nous pourrions dire que l'intellectuel postmoderniste se refuse à la critique et adhère à ce qui est là, simplement parce que c'est là, surtout à partir du moment où ce qui est là, pour *Nous*, revêt les apparences du capitalisme propre aux démocraties du XXe-XXIe siècles. L'intellectuel postmoderne s'en tient à ce constat justifiant l'existence de l'objet plutôt que de l'insérer à l'intérieur des tendances fomentées par le système.

La culmination de ce manque d'esprit critique, Castoriadis la relève déjà chez Hegel, dans sa conception de l'État-Nation, qui serait à la fois la forme politique la plus achevée et celle qui s'accorderait le mieux avec l'essence fondamentalement « chrétienne » de notre civilisation, et au nom de laquelle l'individu peut être à tout moment sacrifié[23]. Karl Heinzen écrivait déjà en 1848 dans son essai *Der Mord* (Le Meurtre) que « Si vous devez faire sauter la moitié d'un continent et répandre un bain de sang pour détruire le parti des barbares, n'ayez aucun scrupule de conscience. Celui qui ne sacrifierait pas joyeusement sa vie pour avoir la satisfaction d'exterminer un million de barbares n'est pas un véritable républicain[24] ». Cet effort d'expansion de l'idée du bien des démocraties est devenu une stratégie militaro-industrielle aux États-Unis dans le but déclaré d'assurer l'hégémonie globale. Ainsi le souligne Seymour Melman[25], critique de la première heure de ce nouveau complexe stratégique. Quant aux relations entre états, engagés dans une concurrence impitoyable dérivée des progrès de la technique, elles ne peuvent être que belliqueuses, comme l'articulait un rapport confidentiel du Pentagone intitulé *Defense Policy Guidance 1992-1994*, écrit par Paul Wolfowitz et I. Lewis, respectivement actuel secrétaire adjoint à la défense et conseiller aux questions de sécurité du vice-président, car il s'agissait d'« empêcher toute puissance hostile de dominer des régions dont les ressources lui permettraient d'accéder au statut de grande puissance », de « décourager les pays industrialisés avancés de toute tentative visant à défier notre leadership ou à renverser l'ordre poli-

---

[23] Delacampagne, *op. cit.*, p. 98.

[24] Cité par Jean-Claude Buisson, *Le siècle rebelle. Dictionnaire de la contestation au XXe siècle*, Paris, Larousse, 1999.

[25] Cité dans «Rêves d'empire» de Philip S. Golub, p. 17.

tique et économique établi », et de « prévenir l'émergence future de tout concurrent global[26] ». Ainsi, il n'y a rien de plus sacré aujourd'hui que l'idée d'appartenance nationale, pour laquelle chacun serait près à se battre jusqu'à la mort et celle de démocratie pour laquelle l'Occident serait prêt à sacrifier ses hommes pour l'imposer sur l'échiquier politique international, avec toutefois une exception, celle des États-Unis qui, à l'heure actuelle, misent leur participation à tout conflit en termes de « guerre à zéro mort ». Les déclarations du président américain face aux tragiques événements du 11 septembre en sont la preuve la plus récente, car il n'a pas hésité à vouloir impliquer tous les pays, y compris la Chine, contre son ennemi numéro un du moment, décrétant péremptoirement que les États n'avaient aucune alternative, et qu'il fallait qu'ils décident s'ils étaient « avec ou contre nous ». Pour survivre, il leur fallait se rallier aux intérêts américains car, en refusant cette imposition, ils devaient prendre en charge le fait qu'ils seraient eux-aussi considérés comme terroristes. Depuis, le président Chirac, par exemple, ne se réfère jamais aux États-Unis sans leur accoler le vocable « amis ».

C'est à partir de cette notion de territoire national que les Nationaux vont construire l'image démoniaque de l'*Autre* et grâce à laquelle ils vont non seulement se définir, mais définir aussi les paramètres du bien et du mal à l'intérieur du cadre « démocratique » auquel le gouvernement fait appel pour définir les valeurs nationales. Pendant bien des années, le bloc communiste était le spectre que l'Occident, via les États-Unis, brandissait comme unique menace au bien-fondé des sociétés néo-libérales. Les années de la guerre froide se sont donc jouées surtout comme une conquête de territoire, dont l'Afghanistan fut aussi la victorieuse victime. À ce moment-là, comme le rappelle Eduardo Galeano[27], le président Reagan déclarait que ces « héros », se référant aux Afghans, dont Ben Laden, que la CIA avait entraînés dans le maniement des techniques terroristes pour en finir avec les incursions russes, étaient « l'équivalent moral des Pères fondateurs des Amériques » parce que c'étaient là « des guerriers de la liberté ». La conquête du territoire n'est donc pas exclusivement une affaire géographique, mais bien plutôt une affaire juridique et politique comme le rappelle Michael Shapiro en citant Foucault[28].

De nos jours, le communisme n'étant plus là pour justifier les agressions déployées hors du territoire national, là où il subsiste encore,

---

[26] *Ibid.*, p. 15

[27] Eduardo Galeano, « El teatro del Bien y del Mal », *La Jornada*, México, 22 septembre 2001.

[28] Michael J. Shapiro, *Violent Cartographies. Mapping Cultures of War*, Minneapolis/London, University of Minnesota Press, 1997, p. 15

comme en Chine[29], il est devenu l'objet d'une condamnation universelle, prélude à son inévitable agonie. Le spectre du mal s'expliquerait par la surprenante incapacité de l'homme à se constituer une identité sans avoir recours à l'*Autre*, mais cette invocation à l'*Autre* est en fait un repoussoir pour mieux l'exclure. Pour ce faire, il va tout d'abord falloir le dévaloriser comme ce fut, entre autres, le cas lors des événements du 11 septembre 1973, lorsque Salvador Allende sortait candidat élu à la présidence chilienne. À l'époque, Kissinger s'était empressé de décréter qu'il n'accepterait pas qu'un pays se fasse marxiste à cause de « l'irresponsabilité » de son peuple. Voilà pour le discrédit qui atteint non seulement un président « démocratiquement » élu, mais aussi le peuple qui a fait usage des leviers que la « démocratie » mettait à sa disposition.

La société américaine, seule superpuissance à dominer aujourd'hui le monde, s'est instituée comme telle en créant son propre univers et en se faisant le centre des méta-discours. Les représentations du dedans et du dehors, c'est-à-dire des paradigmes qui sous-tendent l'opposition entre « Nous » et « les Autres » reposent sur un mode du représenter qui fait appel à un méta-discours pour mettre en place une catégorisation du monde qui, par diverses appellations, fait ressortir une esthétique et une logique ontologique gérant les éternels paradigmes du « bien » et du « mal ».

L'incrédulité à laquelle les postmodernes croyaient avoir réduit les méta-discours n'est qu'une vanité discursive qui camoufle que le mode de valoriser actuel n'a que peu évolué par rapport à la conception du savoir des modernes. Dès lors, dans la cosmogonie du savoir cognitif, il doit toujours y avoir une place pour l'*Autre*, et ces *Autres* ont bien entendu presque toujours été institués comme inférieurs sur l'échelle des valeurs. On pense aux Romains face à ceux qu'ils appelaient « barbares », soit les Francs, les Burgondes et les Alamans du côté occidental, et les Goths et les Vandales du côté oriental. On pense aussi aux colonisateurs/inquisiteurs face aux indigènes ou à l'impérialisme technologique des mondes développés face à ceux qui ne le sont « présupposément » pas. De nos jours, les attitudes n'ont foncièrement pas changé. C'est en quelque sorte « la pente naturelle » des institutions humaines (« naturelle » devant s'entendre ici au sens où l'hétéronomie de la société est elle aussi « naturelle »), leur mode d'affirmation étant qu'elles seules sont les « vraies », et que les dieux, croyances, coutumes, mode de vie et vies des *Autres* sont faux par définition, et donc « sacrifiables ». Le dépassement de cette conception des rapports à autrui exigeant une création en contre-pente est donc improbable comme nous

---

[29] Cuba est encore un symbole pour une certaine gauche, mais ne représente pas vraiment une menace, comme l'a prouvé l'utilisation de la baie de Guantanamo pour expatrier les prisonniers Afghans.

l'a prouvé le XXe siècle et ce début de XXIe siècle avec les divers affrontements qui s'y sont joués et qui s'y joue encore.

Le fondement de l'institution repose sur la croyance en elle et le fait qu'elle rend le monde et la vie cohérents. Dès que preuve est administrée qu'il existe d'autres manières de rendre la vie et le monde cohérents et sensés, elle se trouve en danger de mort. À partir du moment où il y a une fixation sur l'*Autre*, non seulement celui-ci est exclu et jugé inférieur, mais il devient, en tant qu'individu et/ou comme collectivité, point de support d'une cristallisation imaginaire seconde qui le dote d'une série d'attributs et, derrière ces attributs, d'une essence mauvaise et perverse qui justifie d'avance tout ce que l'on pourrait lui faire subir. Pensons au Plan Condor en Amérique latine ou au Plan Colombia actuel. Le rejet de l'*Autre* en tant qu'*Autre* est une composante non pas nécessaire, mais extrêmement probable de l'institution de la société. En affirmant la valeur d'un sujet X, en l'occurrence « *Nous* », nous devons aussi affirmer la non-valeur du non-sujet Y, soit les *Autres*. Ainsi, si ce que je suis vaut, cela revient à dire que ce qui vaut est moi, il est dès lors très simple de compléter cette équation au sujet de l'*Autre* qui n'est pas moi. Ce pseudo-raisonnement est ce qui donne lieu aux différentes formes de dévalorisation ou de rejet de l'*Autre*. Mais en prenant l'équation à l'inverse, il convient de se demander comment l'existence de l'*Autre* en tant que tel peut nous mettre en danger, en tant que « moi » isolé ? La première réponse pourrait venir des théories individualistes contemporaines, pour qui le « moi » existe en dehors de l'*Autre* et des autres. Mais nous allons délaisser cette réponse trop simpliste pour nous tourner vers Paul Ricoeur[30] pour qui l'homme refuse et rejette ce qu'il est devenu. Dans cette dénégation, il perçoit son ipséité et cette aliénation de soi le hanterait à tel point qu'il cristalliserait ce refus psychique en une haine de l'*Autre* et déchargerait sur lui ses manifestations les plus cruelles et archaïques, ignorant ainsi volontairement tout ce qui pourrait le rapprocher de l'*Autre*, autrement dit de sa mêmeté.

C'est à ce point qu'il conviendrait de faire une distinction entre l'universalisme des êtres humains en tant que tels, ce que Giorgio Agamben traduit en faisant appel au qoe (*zoe*) et l'universalisme des cultures (les institutions imaginaires de la société) de l'être humain et qui, par rapport au *zoe* reviendrait au bios (*bios*)[31]. Comment accepter globalement les postulats de la domination technique et économique occidentale tout en défendant les droits de l'homme et la différence radicale des cultures et des peuples à disposer d'eux-mêmes sans s'inter-

---

[30] Paul Ricoeur, *La Mémoire, l'histoire, l'oubli*, Paris, Seuil, 2000, 281 p.

[31] Giorgio Agamben, *Homo Sacer. Le pouvoir souverain et la vie nue*, Paris, Seuil, 1995, p. 9-20.

dire des jugements de valeurs sur les autres cultures ? Comment pourrait-on alors s'opposer au nazisme, au stalinisme, aux régimes de Pinochet, de Pol Pot, de Franco, de Castro, aux ethnocides indigènes sévissant en Amérique latine, à l'oppression par les Talibans, par le gouvernement iranien, timorais ou autres, si nous nous trouvons en face de structures historiques différentes et incomparables et qu'il faudrait accepter comme telles? Karl Jaspers avait ébauché une réponse dans *La Culpabilité allemande*[32] — œuvre que l'on commence à dépoussiérer aujourd'hui — lorsqu'il parlait de la responsabilité universelle, autrement dit lorsqu'il abordait d'un point de vue métaphysique la question de la responsabilité de l'homme face aux institutions imaginaires de la société car, en toute rigueur, personne ne peut se déclarer indifférent au fait que d'autres hommes soient maltraités, que cela se passe ailleurs, à savoir à l'autre bout de la planète.

Nous renchérirons en soulignant qu'il nous faudrait sans doute revenir plus longuement sur la distinction sémantique et morphologique existant entre *zoe* et *bios*, pour ne plus confondre la non ingérence touchant au *bios*, sans pour cela se taire lorsque le *zoe* est atteint. L'hégémonie que nous voulions évoquer touche bien entendu à l'universalisme des cultures ou à ce que Foucault appelait le seuil de la modernité biologique d'une société et qui se situe là où l'espèce et l'individu en tant que simple corps vivant deviennent l'enjeu des stratégies politiques. Dans les discours sur l'hégémonie repris sous les termes de globalisation et de mondialisation, l'action politique a le primat sur la vie nue, et les discours des mouvements contestataires se situent exclusivement dans la sphère du politique puisqu'il réclame le droit des peuples à disposer d'eux mêmes, c'est-à-dire en se refusant le droit à la critique et en jugeant tous les régimes comparables les uns aux autres. Autrement dit, tous agissent comme si ce qui était politisé était toujours et déjà la vie nue, alors que ce qui est toujours déjà bafoué est précisément la vie nue. L'acceptation de la mêmeté repose sur le respect et la non-sacrifiabilité de la vie nue. Les postmodernes n'ont pas été et ne sont pas à même de cerner ces valeurs ontologiques, voire métaphysiques, parce qu'ils adhèrent aussi au mythe de l'hégémonie globale. Parallèlement au mythe de l'hégémonie globale se déploie un autre mythe sur lequel nous ne nous sommes malheureusement que très peu attardée dans cette analyse, celui de la transparence. Car sous le simulacre de la transparence se tisse l'obscurantisme de la planète. Aujourd'hui, le corps social ne parvient qu'à dure peine à « percevoir » dans le rideau de fumée qui lui est présenté les informations qui lui permettraient, peut-être, de gérer plus adéquatement ses compétences cognitives et décentrer vraiment les méta-récits comme voudraient effectivement tant le faire les post-

---

[32] Karl Jaspers, *La Culpabilité allemande*, Paris, Minuit, 1990.

modernes. Sans doute faudra-t-il attendre l'avènement des *néo-postmodernes* pour que nombre de questions soient enfin soulevées.

Bibliographie

Agamben, Giorgio, *Homo Sacer. Le pouvoir souverain et la vie nue*, Paris, Seuil, 1995.

Castoriadis, Cornelius, « Réflexions sur le racisme », *Le Monde morcelé*, Paris, Seuil, 1990.

Delacampagne, Christian, L'*Histoire de la philosophie au XXe siècle*, Paris, Seuil, 2000.

Eco, Umberto, *La Guerre du faux*, Paris, Grasset, 1985.

Eliade, Mircea, *Aspects du mythe*, Paris, Gallimard, coll. « Folio/Essais », 1963.

Galeano, Eduardo, « El teatro del Bien y del Mal », *La Jornada*, México, 22 septembre 2001.

Golub, Philip S., « Rêves d'empire », *Manière de voir n° 60*, Paris, novembre-décembre 2001.

Hamilton, Edith, *La Mythologie*, Belgique, Marabout Université, 1962.

Jaspers, Karl, *La Culpabilité allemande*, Paris, Minuit, 1990.

Lyotard, Jean-Francois, *La Condition postmoderne*, Paris, Minuit, 1979.

Ramonet, Ignacio, « Guerre totale contre un péril diffus », *Manière de voir n° 60*, Paris, novembre-décembre 2001.

Ricoeur, Paul, *La Mémoire, l'histoire, l'oubli*, Paris, Seuil, 2000.

Shapiro, Michael J., *Violent Cartographies. Mapping Cultures of War*, Minneapolis/London, University of Minnesota Press, 1997.

Altérités et identités

L'identité, l'altérité, l'interculturel et le troisième espace : le théâtre d'Alberto Kurapel

Fernando de Toro
University of Manitoba

> Time is not simply a succession of « nows » in which the present slips into the past as it moves toward the future. To the contrary, the past that is never present returns as a future that never *comes*
> (Mark C. Taylor, *Altarity*).

> To heed the solicitation of an inconceivable Other is to leave the comfort of the familial in order to err with neither hope of arriving nor expectation of arriving home. To wander among pyramids is to trace and retrace *le pas* of Abraham. The space of such erring is the desert. The time of such erring is the terrifying past that never was, the uncanny present that never is, and the frightful future that will never be. The space-time of such erring is the writerly spacing-timing
> of *Fear and Trembling*
> (Mark C. Taylor, *Altarity*).

> The fact would seem to be, if in my situation one may speak of facts, not only that I shall have to speak of things of which I cannot speak, but also, which is even more interesting, but also that I, which is if possible even more interesting, that I shall have to, I forget, no matter. And at the same time I am obliged to speak. I shall never be silent. Never. (Samuel Beckett, *The Unnamable*)

Kurapel

L'écriture et la pratique théâtrale d'Alberto Kurapel des quinze dernières années s'inscrivent dans une approche textuelle comparable à celle d'écrivains comme Clarice Lispector (1988), Hélène Cixous (1991), Nicole Brossard (1990), John M. Coetzee (1983, 1986), Michael Ondaatje (1976, 1992) et Kathy Acker (1986), pour ne mentionner que les plus connus. En même temps, l'œuvre de Kurapel est une nouvelle expression, exemplaire, caractérisée par son effort pour surmonter les dualismes et proposer une alternative. Kurapel participe également à la discussion postmoderne, aux débats sur le postcolonialisme qui constituent le troisième espace. C'est ainsi que son œuvre peut clairement se ranger dans un espace interculturel. Quel est ce troisième espace ? C'est l'esquisse d'une écriture qui s'installe dans les interstices qui séparent les récits du passé et la culture contemporaine.

La solution que fournit Kurapel dans ses textes est celle d'une écriture de l'entre-deux, ce qui place son œuvre au cœur des problématiques de l'identité et de l'altérité. Le théâtre de Kurapel est marqué par sa différence, par son interculturel, et surtout par son altérité. Cette dernière va constituer le thème principal de son œuvre, à partir des *3 performances théâtrales* (1987), ainsi que des travaux tels que *Prométhée enchaîné* (1989), *Carta de ajuste ou nous n'avons plus besoin de calendrier* (1991), *Colmenas en la sombra ou l'espoir de l'arrière-garde* (1994) et *La bruta interférence* (1995), jusqu'aux dernières productions, *Trauco pompón de los demonios* (1999), *Detrás de las pupilas nacen y mueren todas las heridas* (1995a) et *Silencio perfil* (1995b).

L'œuvre de Kurapel peut se diviser en deux temps: l'un caractérisé par la faille, par ses performances bilingues en espagnol et français, partant des *3 performances théâtrales* jusqu'à *La bruta interférence*. Ici, dualisme et polarité sont dévoilés, la faille et l'altérité sont exposées comme étant blessures. L'autre temps de l'œuvre est marqué par ce que je définis comme étant l'interculturel d'où la fondation d'un nouveau bilinguisme est abandonnée au profit de la seule langue espagnole.

Altérité

Lorsqu'adviennent la condition postmoderne et surtout ce qu'on désigne par la condition postcoloniale, l'intérêt pour les concepts d'altérité s'ouvre sur une discussion concernant l'identité. L'œuvre de Mark C. Taylor (1987), Thomas Docherty (1996), Ian Chambers and Linda Curti (1996), David Morley and Kuah-Hsing Chen (1996), Robert Young (1990), Homi Bhabha (1994), Stuart Hall (1996, 1996a), Trin T. Minha-ha (1989), Patricia Hall Collins (1990), Ian Chambers (1994), Gayatri Chakravorty Spivak (1988, 1991, 1993), et l'étude séminale d'Edward Saïd (1978, 1993) soulignent l'importance accordée à ce sujet. Nous pouvons déclarer avec certitude que les études postcoloniales débutent avec Edward Saïd et que les recherches qui s'ensuivent visent fondamentalement des questions d'altérité, d'inter et de transculturel, même lorsque ces études n'utilisent pas cette terminologie. Simultanément, les écritures féministes, en particulier, ont fait preuve d'un intérêt soutenu envers les questions d'altérité et d'identité.

D'après l'optique des études culturelles et des études postcoloniales, le concept de l'altérité est généralement relié aux notions de l'autre, de la différence, de la marginalité et de l'interculturel (dans le cas présent, Canada/Amérique latine). La notion d'altérité est le plus souvent discutée au sein de contextes politiques, et est alors reliée aux notions de minorité, de marginalité et d'ethnies. Cependant cette notion a été le sujet de recherches extensives dans le cadre épistémologique du postmodernisme, comme par exemple dans les arts plastiques et les textes de Merleau-Ponty, Bataille (1959, 1985, 1986) et Kristeva (1982) ; la philosophie de Hegel et Heidegger (1969, 1971), Kierkegaard, Blanchot, Levinas, et Derrida (1974, 1981) ; et la psychologie de Lacan (1966, 1971).

Nous centrons notre approche sur l'altérité dans ce que j'appellerais la « philosophie et la psychologie postmodernes », car c'est ici que nous retrouvons les outils qui rendent possible de séparer la notion d'altérité des notions de différence et d'identité.

Dans un système hégélien, l'identité et la différence font partie de la même équation, où existe une dépendance réciproque: il n'y a pas d'identité sans différence, et il n'y a pas de différence sans identité, ce qui aboutit toujours à la similitude. La seule opposition dialectique est celle de la négation de négation, qui aboutit incontestablement dans une *Aufhebung*. En effet, l'être est conçu comme différence : l'identité *est* la différence. Là encore, Taylor souligne que « difference *as* difference, pure or absolute difference, is indistinguishable from identity. Difference constitutes itself by opposition to *its* opposite, identity » (1987:16)[1]. La négation de son propre Autre est ce qui conduit vers l'unité et vers la réconciliation. La différence se conclut en *homos* (pareil), en *das Selbe*. En même temps, cet *homo* se présente comme inlassablement noué à une certaine origine, à une présence qui est absente, ce qui mène à l'essentialisme des origines (*Wesenerkunft* d'après la terminologie de Heidegger 1969: 63-65). Heidegger déclare que « The identical always moves toward the absence of difference, so that everything may be belonging together of what differs, through a gathering by way of the difference. We can say 'the same' only if we think difference » (1971: 218).

Si l'on considère de près les philosophes cités plus haut, nous constaterons qu'ils sont tous, d'une façon ou d'une autre, reliés à Hegel, en ce qu'ils exercent une critique radicale de l'ontothéologie qui se fonde

---

[1] Stuart Hall a élaboré une conception de l'identité dégagée de toute trace d'essentialisme, pour l'utiliser d'une façon différée, stratégique : Identity is such a concept operating « under erasure » in the interval between reversal and emergence ; an idea which cannot be thought in the old way, but without which certain key questions cannot be thought about at all (1996: 2). The concept of identity deployed here is, therefore not an essentialist, but a strategic and positional one. That is to say, directly contrary to what appears to be its settled semantic career, this concept of identity does not signal that stable core of the self, unfolding from beginning to end through all the vicissitudes of history without change ; the bit of the self which remains always-already 'the same,' identical to itself across time (1996 : 3).

précisément sur ce qu'exclut la philosophie hégélienne : la scatologie, l'abject, le rejeté, la scorie, les déchets, les menstruations, etc. Cette attention pour Hegel est peut-être par son projet cartésien qui se consacrait à la philosophie du Sujet, un projet qui s'arrête avec lui. D'après Taylor, « For Heidegger, modern philosophy comes to an end in Hegel's System, thereby bringing to a close the Western 'ontotheological tradition' that began centuries ago in Greece » (1987: xxvi).

La philosophie postmoderne, qui n'est en fait que la fin de la métaphysique, nous oriente sur tout ce qui n'est pas réductible à un système, à ce qui échappe au système, et qui, en s'échappant, défait et déconstruit le système.

L'altérité ne sera donc pas différence qui peut se réduire de façon déconstructiviste en *das Selbe*, tandis que l'altérité se définit par son irréductibilité. C'est à cette irréductibilité que l'altérité s'inscrit, et ce faisant qu'elle s'approche de la notion d'abjection de Kristeva (1982), de la *différance* de Derrida (1974, 1981), du Réel de Lacan (1966, 1971) ou de ce que Bataille appelle hétérologie, agiologie ou l'érotique (1959, 1985, 1986). Notre intérêt réside donc dans la fracture, l'hymen, le vagin, la coupure, la limite, la frontière, les marges, l'intérieur-extérieur. Conçu comme tel, l'altérité est liée de façon intime avec son occupation de la fracture, de la révélation du manque (Lacan), de son statut différé/déféré, qui permet de penser l'impensable, de nommer l'innommable. L'altérité n'a pas de statut ontologique puisqu'elle n'est pas réductible, étant simultanément présence et absence.

Nous sommes donc également intéressés à contextualiser la pensée alternative interculturelle de Kurapel et à placer son travail dans le schéma post-théorique mentionné ci-dessus. Cette pensée post-théorique, d'après nous, exprime la plupart des incertitudes contemporaines.

La fracture

La fracture, la problématique de l'autre et l'altérité ne sont pas des réalités restreintes à des contextes politiques et sociaux. Ces facteurs ont pénétré durant les dernières quelques années tous les champs artistiques, surtout les champs littéraires. L'œuvre de Kurapel n'est donc pas exceptionnelle, mais il est un des premiers artistes à se concentrer sur l'examen de ces facteurs particulièrement intéressants. Son œuvre artistique, en espagnol/français, inscrit et révèle la fracture de l'autre dans sa pleine complexité : Kurapel habite la fracture et l'altérité chaque fois qu'il écrit/présente/énonce simultanément en deux langues : l'espagnol et le français. L'une est sa langue maternelle, l'autre il l'a acquise. Dans *Carta de ajuste ou nous n'avons plus de calendrier* nous lisons : « Traduit, je ne suis plus seul. Je suis une mémoire qui a de l'avenir. De proche en lointain une voix se fait l'écho de ma voix » (Traduction de l'auteur, 1991 : 55).

C'est précisément dans ce geste d'auto-traduction que Kurapel s'efforce de ne pas être autre, mais qu'en même temps, l'écho de sa voix révèle son statut autre. L'écho fonctionne comme le pont de Venise pour unifier et séparer, pour souligner la proximité et la distance, l'appartenance et la solitude, la différence et l'identité. C'est ainsi que Kurapel inscrit son altérité *dans* la langue acquise, habitant un espace qui n'est ni ceci ni cela, mais un espace *entre,* un espace qui évite les marges mais qui dévoile sa *différance* dans l'articulation linguistique double (différer/déférer). Kurapel crée alors un nouvel espace d'où négocier son discours à l'intérieur des discours dominants. La lutte de Kurapel est une lutte langagière, une lutte de discursivités en concurrence, de positions diverses.

Dans les textes bilingues, Kurapel déclare clairement qu'il n'est pas possible de continuer de parler d'une position dans les marges, puisque cette position entraîne non seulement l'auto-marginalisation, mais nuit à toute tentative de déconstruire le centre. Le centre ne peut être défait que d'après ses propres conditions, d'après une méthode clairement soulignée par Derrida:

> The movements of deconstruction do not destroy structures from the outside. They are not possible and effective, nor can they take accurate aim, except by inhabiting those structures. Inhabiting them *in a certain way*, because one always inhabits, and all the more when one does not suspect it. Operating necessarily from the inside, borrowing all the strategic and economic resources of subversion from the old structure, borrowing them structurally, that is to weigh without being able to isolate their elements and atoms, the enterprise of deconstruction always in a certain way falls prey to its own work (1974: 24).

Bien qu'il soit vrai que les textes de Kurapel manifestent une présence évidente de l'Amérique latine, de l'exploitation, de la colonisation passée, des mythes aborigènes, il est également vrai que, dans ses textes, il présente la tradition occidentale (Prométhée, Oedipe, Lazarillo, la technologie) et la connaissance universelle.

Par exemple, dans *Prometeo encadenado* ou dans *Carta de ajuste,* il y a une confrontation violente entre la présence de mythes d'Amérique latine à celle des mythes de l'Occident, mais en même temps la présence de la technologie contemporaine. Kurapel évite toute inscription spatiale ou temporelle, pour fabriquer un nouvel espace, un troisième espace qui cherche à éviter les dualismes typiques de la tradition occidentale.

L'œuvre créative et performative de Kurapel se relie aux théories courantes présentées par Gayatri Chakravorty Spivak (1996, 1996a), Judith Butler (1990, 1993), Edward Saïd (1978, 1993), Stuart Hall (1996, 1996a) ou Homi Bhabha (1994), en ce qui concerne la poursuite d'un nouveau langage qui pourrait servir de médiateur de façon efficace dans la concurrence entre les discours. Kurapel occupe un espace où il n'accepte pas d'être relégué dans les marges. Dans un geste et un mouvement double, il révèle ses origines culturelles, et, dans l'autre culture, il occupe l'altérité pour éviter la marginalisation. Ainsi, il répète le propos de Spivak au sujet des discours qui cherchent à aliéner :

> One of the things I said was that one of my projects is not to allow myself to occupy the place of the marginal that you would like to see me in, because then that allows you to feel that you have an other to speak to (1990 : 122).

Le travail de Kurapel est complexe et ambitieux : il nie les récits d'origines en même temps qu'il les écrit ; il les représente pour les nier et pour les fusionner avec d'autres récits, et voilà où réside non seulement l'originalité de ses représentations, mais aussi la dimension politique et idéologique de son œuvre. Nous pouvons déclarer avec Homi Bhabha :

> What is theoretically innovative, and politically crucial, is the need to think beyond narratives of origin and initial subjectivities and to focus in those moments or processes that are produced in the articulation of cultural differences. These 'in-between' spaces provide the terrain for elaborating strategies of selfhood—singular or communal— that initiate new signs of identity, and innovative sites of collaboration, and contestation, in the act of defining the idea of society itself (1994 : 1,2).

Kurapel se construit une identité avec l'altérité, et précisément dans la duplicité de son discours il introduit un troisième espace, là où il cherche une voix, plutôt qu'un langage. À première vue, on pourrait croire que Kurapel est à la recherche des racines d'origine et qu'il retombe ainsi dans un essentialisme borné. Mais ce n'est pas le cas, puisqu'il cherche une voix que l'on écoutera. Par conséquent, il déclare dans *Carta de ajuste* :

> Quand je sais que j'ai un nom, je le perds dans les mots, je l'efface pour écrire et devenir ce que je suis. Alors, je sais que mort je n'aurai plus de nom mais que peut-être on entendra ma voix (traduction de l'auteur, 1991 : 56).

Dans *La bruta interférence* l'identité est établie dans la différence de l'autre : « Quand tu me regardes, tu te regardes toi-même. Nous regarder, nous retrouver. Quand tu me parles tu te tais » (traduction de l'auteur, 1995 : 55). La structure en miroir et la réflexion sont détournées par la négation. Le sujet se reconnaît seulement avec la différence de la vision.

Le sujet et son altérité

Dans ses derniers ouvrages, Kurapel abandonne le bilinguisme, un fait qui est dû à l'intégration d'éléments devenus centraux : le multiculturalisme.

Dans *Trauco pompón de los demonios* (1996), les acteurs qui font partie du texte viennent d'origines disparates : le Vietnam, le Québec, le Manitoba, la Grèce, San Salvador, l'Argentine, l'Italie, le Guatemala, le Mexique, l'Afrique, la Pologne. En même temps l'histoire de ce texte est fondée, d'après Kurapel, dans un mythe du sud du Chili, d'une île isolée, Chiloe. L'identité semble s'inscrire dans l'altérité, puis dans la pluralité. Conséquemment, le sujet peut seulement se construire en relation avec une fracture. L'ostentation de cette fracture ouvre un nouvel espace multiforme, en flux perpétuel.

Kurapel semble proposer dans ses derniers ouvrages l'élimination de bornes et de frontières et la radicalisation de l'identité, dans le cadre de la globalisation fondée non pas dans l'altérité mais dans l'acceptation et dans la célébration de l'altérité qua altérité. Les abstractions d'un nationalisme mesquin (typique dans tant de sociétés, y compris celles de l'Amérique latine) sont déconstruites et questionnées. La proposition de Kurapel n'est pas si différente de celle de Edward Saïd quand il dit :

> Gone are the binary oppositions dear to the nationalist and imperial enterprise. Instead we begin to sense that old authority cannot simply be replaced by new authority, but that new alignments made across borders, types, nations, and essences are rapidly coming into view, and it is those new aligments that now provoke and challenge the fundamentally static notion of *identity* that has been the core of cultural thought during the era of imperialism. Throughout the exchange between Europeans and their "others" that began systematically half a millennium ago, the one idea that has scarcely varied is that there is an "us" and a "them", each quite settled, clear, unassailably self-evident (1993: xxiv-xxv).

Kurapel refuse d'accepter les marges, et situe conséquemment sa pratique dans des zones considérées marginales avec l'objectif d'éliminer cette marge. Pour ce faire, il utilise tous les outils offerts par la culture postmoderne où il inscrit sa propre pratique représentationnelle : dans l'intertextualité, dans l'écriture rhizomatique, dans le discontinu, la pluralité, l'ironie, l'altérité.

Judith Butler, dans son travail fondamental montre la voie à suivre, une piste qui converge avec la trajectoire de Kurapel, la piste que Kurapel lui-même avait parcourue depuis les années 1970. D'après Butler :

> The point is not to stay marginal, but to participate in whatever network of marginal zones is spawned from other disciplinary centers

and which, together, constitute a multiple displacement of those authorities. The complexity of gender requires an interdisciplinary and postdisciplinary set of discourses in order to resist the domestication of gender studies or women studies within the academy and to radicalize the notion of feminist critique (1990: xi).

Kurapel s'efforce d'échapper au dualisme qui a marqué de temps immémoriaux les nombreuses cultures qui habitent cette planète, en particulier celle de la culture occidentale, et à l'intérieur de celle-ci, la culture d'Amérique latine. L'objectif est d'échapper à des polarités qui divisent les cultures d'après les catégorisations du « nous/les autres » qui représentent alors les grands récits de légitimation, et leur dogmatisme. C'est pour cette raison que Kurapel cherche à globaliser son discours depuis les marges, la périphérie. D'après une telle perspective, le travail de Kurapel est postcolonial, puisqu'il révise et surmonte le postcolonialisme qui le précède. Le projet de Kurapel converge donc encore une fois avec celui de Homi Bhabha :

> The postcolonial perspective — as it is being developed by cultural historians and literary theorists — departs from the traditions of sociology of underdevelopment or 'dependency' theory. As a mode of analysis, it attempts to revise those nationalist of 'nativist' pedagogies that set up the relation of Third World and First World in a binary structure of opposition. The postcolonial perspective resists the attempt at holistic forms of social explanation. It forces a recognition of the more complex cultural and political boundaries that exist on the cusp of these often opposed political spheres (1994 : 173).

Ce qui se manifeste, de toute évidence, dans la théorie postcoloniale de Bhabha, tout comme dans le projet de Kurapel, est que demeurer borné par l'essentialisme et l'ethnocentrisme de l'identité et de la différence est un piège qui mène à la reproduction du système que l'on entreprenait de défaire. La seule solution est de venir *occuper* et *s'approprier* les discours provenant du centre pour les subvertir. Cette pratique d'occuper les autres discours afin de les déconstruire est le projet central du postmodernisme. Il est caractéristique du théâtre d'Alberto Kurapel, indépendamment des origines. Les pratiques intertextuelles et de palimpseste dans *Foe* de J.M.Coetzee (1986), fournissent un parfait exemple de cette méthode : un texte inséré et tissé dans les « fractures » de *Robinson Crusoe* de Daniel Defoe. L'histoire de Coetzee n'aurait pu être exprimée sans cet intertexte et sans réexprimer l'expansionnisme britannique du 18e siècle. Coetzee utilise un genre minimaliste qui facilite une relecture, non seulement du passé, mais aussi du présent: Coetzee *occupe* le Crusoe de Defoe.

Occuper un discours ne signifie pas s'accaparer d'emblée de toute forme de connaissance, mais manifeste plutôt l'effort de décoloniser son propre discours. La tâche, en ce qui concerne le soi-disant « tiers monde », est d'abandonner sa condition « ex-centrique » (Bhabha : 1994: 177).

Au-delà

Le projet de l'œuvre de Kurapel semble être de surmonter les positions discursives périmées. Kurapel se confronte à la problématique des migrations ; il voyage d'un espace à l'autre, d'une ethnie à une autre, les rendant simultanés : ici et là en même temps. Ce qui demeure évident, c'est qu'il n'y a pas de retour aux origines, de primogéniture : tout ce qui nous reste est le présent ou le futur ; le passé est ce que nous étions une fois mais que nous sommes plus[2]. Dans *La bruta interférence*, Camila/Camilo dit :

> Je veux retrouver ce que j'ai jeté quand j'ai dû m'en aller ! [...] (1995 : 75).
> Je ne sais pas si c'était ici que je l'ai lancée. Je la cherche ici parce que les lieux n'existent pas (traduction de l'auteur, 1995 :84).

Les représentations de Kurapel vont interrompre un espace, intervenir dans sa temporalité, travailler dans les fractures du binaire et des polarités, tandis qu'il cherche un nouvel espace où ré-inscrire notre sens de la vie communautaire. En même temps, il récupère le passé pour le rendre présent, c'est-à-dire pour le déconstruire, pour le dévoiler et pour souligner l'impossibilité du retour. C'est ainsi qu'il se montre à la recherche d'une nouvelle filiation, fondée sur notre statut de communauté partagée : par le fait que nous devons partager cet espace que nous appelons « Terre ».

Le théâtre de Kurapel défait les frontières entre la fiction et le réalité. Dans ses notes scéniques pour *La bruta interférence*, Kurapel déclare :

> Quand on a vécu dans deux lieux, dans deux époques, dans deux univers, dans deux Histoires : on retourne là ou ici ? En essayant d'élu-

---

[2] Robert Young dit à ce même sujet : « In a similar way, those who evoke the 'nativist' position through a nostalgia for lost or repressed culture idealize the possibility of that lost origin being recoverable in all its former plenitude without allowing for the fact that the figure of the lost origin, the 'other' that the colonizer has repressed, has itself been constructed in terms of the colonizer's own self-image ». Et il ajoute : « The nativist argument thus simply reproduces a Western fantasy about its own society now projected out onto the lost society of the other named 'the Third World'. [...] all such arguments, whether from the colonizer or colonized, tend to revolve around the terms which the colonizer have constructed. To reverse an opposition of this kind is to remain caught within the very terms that are being disputed. Nationalist resistance to imperialism, for example, itself derives its notion of nation and of national self-determination from the Western culture that is being resisted » (1990: 168).

cider cette énigme, j'ai créé scéniquement la pièce en tenant toujours présent à l'esprit que le condor, oiseau de proie, que j'ai connu de très près, est la réincarnation du soleil dans toutes les mythologies de la cordillière des Andes. Et que, de mes cordillières à vos cordillières nous traversons aujourd'hui le vide construit par une réalité virtuelle émergée de l'univers médiatique qui injecte le conformisme, de l'indifférence, l'aboutissement face à des faits qui se développent dans de cruelles et injustes réalités niées par les commerçants culturels, pour que l'artiste apprenne à mieux se vendre. (traduction de l'auteur, 1995 : xxvii)

Kurapel est Kurapel sur scène et hors-scène : son récit ne relève pas de la fiction mais d'une forme construite à partir de ce que nous appelons Réalité. Son écriture est la forme qui concrétise cette réalité, en admettant que nous avons échoué, et de là provient sa quête nomade, cartographique, perpétuelle, incommensurable.

Bibliographie

Fiction

Acker, Kathy, *Don Quixote*, New York, Grove Press, 1986.

Brossard, Nicole, *Mauve desert*, traduction de Susanne de Lotbinière-Hardwood, Toronto, Coach House Press, 1990.

Cixous, Hélène, *The Book of Promethea*, introduction et traduction de Betsy Wing, Lincoln and London, University of Nebraska Press, 1991.

Coetzee, J.M., *Foe*, London, Penguin Books, 1986.

Id., *Times of Michael K*, London, Penguin Books, 1983.

Kurapel, Alberto, « Trauco, pompón de los demonios » dans *10 Obras Inéditas: Teatro-Performance*, Montréal, Humanitas, 1999.

Id., *La bruta interférence*, Montréal, Humanitas, 1995.

Id., « Detrás de las pupilas nacen y mueren todas las heridas » dans *10 obras inéditas: Teatro-Performance*, Montréal, Humanitas, 1999.

Id., « Silencioso perfil » dans *10 Obras Inéditas: Teatro-Performance*, Montréal, Humanitas, 1999.

Id., *Colmenas en la sombra ou L'espoir de l'arrière garde*, Montréal, Humanitas, 1994.

Id., *Carta de ajuste ou nous n'avons plus besoin de calendrier*, Montréal, Humanitas, 1991.

Id., *Prométhée enchaîné según Alberto Kurapel*, Montréal, Humanitas, 1989.

Id., *3 performances théâtrales*, Montréal, Humanitas, 1987.

Lispector, Clarice, *The Passion according to G.H.*, Minneapolis, University of Minnesota Press, 1988.

Ondaatje, Michael, *The English Patient*, Toronto, MacMillan, 1992.

Id., *Coming through slaughter*, Concord, Ontario, House of Anansi Press, 1976.

Théorie

Bataille, Georges, *L'expérience intérieure*, Paris, Gallimard, 1959.

Id., *Visions of excess: Selected Writings, 1927-1939*, traduction de A. Stoekl avec C.R. Lovitt and D.M. Leslie, Minneapolis, University of Minnesota Press, 1985.

Id., *Erotism, Death and Sensuality*, traduction de Mary Dalwoo, San Francisco, City Lights Books, 1986.

Baudrillard, Jean, « Simulations », *Semiotext(e)*, 1983.

Bhabha, Homi K, *The Location of Culture*, New York and London, Routledge, 1994.

Butler, Judith, *Bodies that Matter. On the Discursive Limits of « Sex »*, New York and London, Routledge, 1993.

Id., *Gender Trouble. Feminism and the Subversion of Identity*, New York and London, Routledge, 1990.

Chambers, Ian, *Migrancy, Culture, Identity*, London and New York, Routledge, 1994.

Chambers, Ian y Lidia Curti (dir.), *The Post-Colonial Question. Common Skies, Divided Horizons*, London and New York, Routledge, 1996.

Derrida, Jacques, *Of Grammatology*, traduction de Gayatri Chakravorty Spivak, Baltimore, The Johns Hopkins University Press, 1974.

Id., *Dissemination*, traduction, introduction et notes de Barbara Johnson, Chicago, The University of Chicago Press, 1981.

De Toro, Fernando (dir.), *Explorations on Post-Theory: Toward a Third Space*, Frankfurt am Main: Vervuert Verlag, 1999.

Docherty, Thomas, *Alterities, Criticism, History, Representation*, Oxford, Clarendon Press, 1996.

Hall, Stuart, «Who Needs Identity?», dans Stuart Hall et du Gay, Paul (dir.), *Questions of Cultural Identity*, London et New York, Routledge,1996, p. 1-17.

Hall, Stuart and Paul du Gay (dir.), *Questions of Cultural Identity*, London et New York, Routledge, 1996a.

Heidegger, Martin, *Poetry, Language, Thoughts*, traduction de A. Hofstadter, New York, Harper and Row, 1971.

Id., *Identity and Difference*, traduction de J. Stambaugh, New York, Harper and Row, 1969.

Hill Collins, Patricia, *Black Feminist Thought: Knowledge, Consciousness, and the Politics of Empowerment*, New York et London, Routledge,1990.

Kristeva, Julia, *Powers of Horror. An essay on Abjection*, traduction de Leon S. Roudiez, New York, Columbia University Press, 1982.

Lacan, Jacques, *Écrits II*, Paris, Seuil, 1971.

Id., *Écrits I*, Paris, Seuil, 1966.

Minh-ha, Trinh T, *Woman, Native, Other. Writing Postcoloniality and Feminism*, Bloomington et Indianapolis, Indiana University Press, 1989.

Morley, David and Kuan-Hsing Chen (dir.), *Stuart Hall. Critical Dialogues in Cultural Studies*, London et New York, Routledge, 1996.

Saïd, Edward W, *Culture and Imperialism*, New York, Random House, 1993.

Id., *Orientalism*, New York, Random House, 1978.

Spivak, Gayatri Chakravorty, *Outside/Inside the Teaching Machine*, New York et London, Routledge, 1993.

Spivak, Gayatri Chakravorty, *The Post-Colonial Critic*, Sarah Harsym, Editor, New York et London, Routledge, 1990.

Id., *In Other Worlds: Essays in Cultural Politics*, New York et London, Routledge, 1988.

Taylor, Mark C, *Altarity*, Chicago et London, The University of Chicago Press, 1987.

Young, Robert, *White Mythologies*, London et New York, Routledge, 1990.

Le baroque : pour faire et défaire des identités culturelles

Walter Moser
Université d'Ottawa

Qu'est-ce que le baroque ?

Le débat sur « l'être » du baroque est ouvert. Depuis la fin du 19e siècle, plusieurs vagues de réception active de la culture baroque se sont succédées. Elles étaient accompagnées de la grande épopée de la définition du baroque. Car, non seulement y a-t-il eu — chose normale — diverses propositions, et parfois des propositions bien divergentes voire conflictuelles, pour répondre à la question « qu'est-ce que le baroque ? », mais la divergence s'est aussi emparée, en amont même de l'acte de définition, des stratégies de définition.

Fallait-il définir le baroque sectoriellement (la peinture, l'architecture, la littérature...) ou globalement (la culture) ? Était-il préférable de le définir typologiquement (un type culturel) ou historiquement (une époque d'histoire culturelle) ? Le baroque était-il une culture, une mentalité (Maravall), un paradigme culturel, ou, plus spécifiquement, une manière de voir (Wölfflin), un parmi plusieurs types de vision moderne (Jay) ? Fallait-il lui donner le statut d'un type transculturel, voire d'un archétype culturel (D'Ors) ? Ou encore y reconnaître — ce qui fut fait plus récemment — une sensibilité (Maffesoli) ou un style de vie (Scarpetta), un « lifestyle » (Hebdige) ?

À ces multiples et diverses tentatives pour définir le baroque s'ajoute encore une composante axiologique : si, globalement, cet intérêt actif pour le baroque qui a duré un siècle déjà, s'est accompagné d'une revalorisation positive sinon d'une véritable réhabilitation d'un paradigme culturel frappé pendant longtemps d'un soupçon de mauvais goût (difforme, bizarre, démesuré, éclaté, amphigourique étaient les « accusations esthétiques » les plus souvent portées contre lui), les voix discordantes ne manquent cependant pas qui gardent une attitude négative sinon de rejet (Croce, Adorno).

Force nous est de constater que ces multiples tentatives de définir le baroque ontologiquement ont abouti à un véritable Babel conceptuel[1]. Que faire ? La tentation était donc grande de recourir à des solutions radicales et de jeter le concept de baroque carrément par-dessus bord, comme l'a proposé, entre autres, Hans Robert Curtius.

Que fait le baroque ?

Pour contourner certaines impasses de la définition ontologique, j'ai décidé de changer de question et de demander, désormais et en priorité, non plus « qu'est-ce que le baroque ? », mais « que fait le baroque »[2]. Il s'agit là d'un changement de stratégie de recherche. Cela ne veut pas dire que la première question ne soit pas valide, ni qu'elle est à écarter définitivement. Mais, dans la situation actuelle, elle me paraît cognitivement moins « rentable », moins porteuse de résultats. Il s'agira donc de la mettre en suspens, quitte à la reprendre après ce détour par une approche de type davantage historico-pragmatique. La question « que fait le baroque ? » est basée sur le constat que le concept « baroque », à travers sa brève histoire mouvementée a eu une véritable efficacité historique. Que ce soit sur le mode négatif, quand on a essayé de bannir son contenu ; ou sur le mode positif, quand ce à quoi il renvoie, comme c'est le cas aujourd'hui, a joui d'une fascination si ce n'est d'un engouement.

En changeant ainsi d'approche, nous partons donc non pas d'un présumé « être », d'une « essence » a-temporelle du baroque, mais des usages que les humains ont pu en faire à travers le temps et dans différentes aires culturelles. Et comme l'extrême variété de ces usages est justement une des raisons de la difficulté de répondre à la question « qu'est-ce que le baroque ? », nous pouvons en quelque sorte faire du vice une vertu. Ce sont la mobilité, la versatilité, l'instabilité mêmes, ainsi que sa capacité de métamorphose qui font sa spécificité et qui sont donc à l'origine même de son efficacité historique. Le baroque devient ainsi un concept relationnel ; il n'est pas défini en soi, mais en relation à un contexte changeant dans lequel il se trouvera à être activé. Et, selon ce contexte, il peut devenir un « concept de combat » ; c'est ainsi qu'il a été utilisé dans la seconde moitié du 20e siècle par les musiciens et musicologues qui ont combativement assumé la désignation dépréciative « baroqueux » pour renouveler d'une manière révolutionnaire notre relation à la musique dite baroque[3].

---

[1] Dans mon entrée de dictionnaire « Barock » (dans Barck, Karlheinz et al. (éds), *Ästhetische Grundbegriffe*, Stuttgart, Metzlersche Verlagsbuchhandlung, 2000, vol. I, p. 578-618), j'ai rendu compte plus en détail de ce Babel conceptuel.

[2] Il s'agit là d'un mouvement stratégique analogue à celui que Tzvetan Todorov proposait dès 1978 pour les études littéraires dans son livre *Les genres du discours* (Paris, Seuil, 1978).

[3] Cf. Philippe Beaussant, *Vous avez dit « baroque » ?*, Paris, Actes Sud, 1981.

Dans une étude antérieure, j'ai essayé de rendre compte de cette force mobile que désigne le concept « baroque » en m'appuyant sur la métaphore des valences[4]. Je me trouvais par là sur la même ligne d'approche que les chercheurs qui, sous la direction de Else Marie Bukdahl et Carsten Juhl, avaient regroupé leurs contributions sous l'expression « puissance du baroque »[5]. Cette interprétation de l'esthétique baroque comme une puissance, comme la programmation d'un potentiel qui pourra connaître des actualisations très diverses au contact avec des situations historiques et culturelles variables a un double avantage dont je souhaite tirer profit ici. D'une part elle permet de dépasser une attitude rigoureusement historiciste qui qualifierait toute application du terme baroque à la culture contemporaine d'anachronique. Je me sentirais à l'étroit dans une telle attitude de chercheur qui aurait pour effet de faire de ce dont je parlerai dans cet essai une zone interdite et irait jusqu'à déclarer inexistant l'objet que je m'apprête à analyser. Et d'autre part, elle permet d'amorcer le retour à ce que je viens de mettre en suspens, la question ontologique sur le baroque, car elle désigne une puissance qu'il serait possible de concrétiser dans l'analyse d'artéfacts déclarés baroques : leur force d'interpellation esthétique, l'intensification du matériau, la force praxéologique de leur configuration rhétorique, l'instabilité temporelle (l'éphémère comme qualité esthétique de l'œuvre baroque), et l'instabilité ontologique. L'argument qu'on peut tirer de cette « puissance » du baroque est d'autant plus important que ce sont aujourd'hui les nouvelles technologies — surtout la numérisation — qui permettent une réalisation bien plus poussée du paradigme esthétique que ses concepteurs du 17e siècle ne pouvaient le rêver.

Transferts baroques

D'où, donc, la mobilité du paradigme baroque, qu'on traite, de ce fait, comme un concept migrateur[6]. Très schématiquement parlant, il a en fait subi un double transfert qui s'est effectué d'une part sur l'axe temporel, d'autre part sur l'axe spatial.

Sur l'axe temporel, si on ne craint pas l'anathème de l'anachronisme, on constate que le baroque fait retour aujourd'hui. Que veut dire

---

[4] Walter Moser, « Résurgences et valences du baroque », dans Goyer, Nicolas et Walter Moser (éds.), *Résurgences baroques. Les trajectoires d'un processus transculturel*, Bruxelles, La Lettre Volée, 2001, p. 25-43.

[5] Bukdahl, Else Maria et Carsten Juhl (éds.), *Puissance du baroque. Les forces, les formes, les rationalités*, Paris, Galilée, 1996.

[6] Un « traveling concept » selon l'expression utilisée par la Amsterdam School of Cultural Analysis qui en est au troisième colloque international sur le phénomène ainsi désigné.

« faire retour » pour un concept d'histoire culturelle ? D'abord, il ne faut pas confondre « le retour du baroque » avec un quelconque mouvement nostalgique de « retour au baroque » et à son époque d'émergence. Il s'agit d'une réactualisation de son potentiel dans un contexte historique totalement changé, d'une réactivation de la puissance du baroque dans la culture contemporaine. Ensuite, en tenant compte des périodes de quasi-disparition du baroque, du moins de son bannissement par les pontifes du bon goût esthétique, le recours à la métaphore de la « résurgence » est peut-être encore plus adéquate que celle du « retour ». Il y aurait alors lieu, en plus de décrire ce mouvement de retour, de se demander pourquoi le baroque, depuis quelques décennies est redevenu un paradigme intéressant, si ce n'est carrément un *fascinosum*[7]. Une autre question reliée à ce transfert du paradigme baroque dans le temps consiste à savoir s'il y a lieu d'établir une différence entre ce « retour du baroque » et le « néobaroque » comme le conceptualise, entre autres, Severo Sarduy[8].

Sur l'axe spatial, il y aurait d'abord à faire face à la question de la monogénèse ou polygénèse du baroque européen au 17e siècle. L'hypothèse de la monogénèse ferait partir le paradigme baroque d'un foyer unique — des considérations nationales le situent tantôt en Italie, tantôt en Espagne — et observerait ensuite son déplacement vers d'autres pays et régions d'Europe par irradiation selon un modèle spatial de type centre/périphérie. Mais le déplacement de loin le plus spectaculaire est celui qu'il a subi en suivant le mouvement de la conquête et de la colonisation de l'Amérique à partir de la presqu'île ibérique, du moins de l'Amérique que, faute de mieux, on appelle aujourd'hui latine. Dans ce contexte de transfert culturel transcontinental, le baroque a certainement fait l'objet de sa plus vaste opération de déplacement spatial. Et c'est d'ailleurs sur la situation issue de ce monumental transfert culturel que je me pencherai dans le reste de ce travail.

Le bi-continentalisme du baroque

En termes d'aires culturelles, le baroque, tant comme réalité culturelle que comme problématique de recherche, connaît donc aujourd'hui deux versants : le baroque européen issu des avatars et résurgences du baroque historique du 17e siècle, et le baroque américain résultant à la

---

[7] Un chercheur parmi beaucoup d'autres qui se sont attelés à cette tâche est Carlos Rincón, dans un texte qui a l'avantage de la concision et réunit une grande quantité d'informations : « El universo neobarroco », dans Echeverría, Bolívar (éd.), *Modernidad. Mestizaje cultural, Ethos barroco*, México, UNAM/El Equilibrista, 1994, p. 349-387.

[8] « El barroco y el neobarroco », dans Fernández Moreno, César (éd.), *América latina en su literatura*, Paris, UNESCO/Siglo veintiuno, 1972, p. 167-184.

fois d'une « importation » culturelle européenne massive et de ses interactions avec les cultures amérindiennes et africaines qui se sont partagées, non sans conflits, l'espace américain du Mexique jusqu'à la Terre de Feu. Il est vrai que, de nos jours, des échanges s'articulent entre ces deux versants du baroque, non sans la contribution importante des migrants latinoaméricains comme Carlos Fuentes, Alejo Carpentier, Raúl Ruiz, Severo Sarduy, mais les chercheurs faisant la jonction entre les deux volets sont encore peu nombreux.

D'emblée, l'existence et l'affirmation du baroque latinoaméricain contemporain constitue une véritable énigme pour les chercheurs, énigme qu'on pourrait résumer comme suit : comment expliquer que le paradigme transféré au départ d'Europe en Amérique dans le processus de conquête et de colonisation, un paradigme qui était donc identifié, du moins au début, comme un système de représentation imposé, étranger, associé à une domination militaire et politique et au colonialisme le plus rapace qui soit, comment expliquer que ce soit justement ce paradigme qui ait pu finir par être perçu comme le paradigme américain par excellence, le paradigme de la « contre-conquête » selon Lezama Lima, et le véhicule culturel d'une construction identitaire américaine ?

Certes, l'énigme n'est plus aussi entière que je viens de la formuler. Beaucoup de chercheurs, spécialistes de l'histoire coloniale en Amérique latine se sont penchés sur la question et ont apporté des réponses partielles. Parmi beaucoup, je ne mentionnerai que Mabel Moraña, John Beverley, Solange Alberro, Bolívar Echeverría, Janice Theodoro et Serge Gruzinski. Je m'appuierai donc ici, globalement, sur l'œuvre de ces chercheurs pour avancer ma propre hypothèse : c'est la mobilité conceptuelle même du concept de baroque qui est pour beaucoup dans la conversion d'un paradigme européen et colonial en un paradigme américain et postcolonial. Mais les usages qu'en font les penseurs et artistes latinoaméricains servent autant à faire qu'à défaire des identités.

Avant de me pencher sur quelques uns de ces usages, il sera utile de rapporter quelques aspects particulièrement intéressants des analyses faites par Serge Gruzinski et Janice Theodoro. Elles ont en commun d'avoir dépassé la superficialité dont se contentent souvent les affirmations reliant intrinsèquement métissage et baroque latinoaméricain. Gruzinski décrit les processus de métissage culturel qui ont lieu après la conquête de l'Amérique par les futurs colonisateurs européens[9]. Plutôt que de célébrer le métissage comme une panacée culturelle, il montre les bouleversements sociaux dont il s'accompagne sans embel-

---

[9] Je m'appuie ici plus particulièrement sur deux livres : *La Guerre des images de Christophe Colomb à « Blade Runner »* (1492-2019) (Paris, Fayard, 1990) et *La Pensée métisse* (Paris, Fayard, 1999).

lir les violences et fragilités qu'elle génère : il parle d'une société éclatée, fractale dans le sens d'une fracturation violente qui produit des irrégularités, de l'instabilité et de la mobilité ; il observe le phénomène de la mémoire fragmentée. Dans *La Guerre des images*, il décrit plus spécifiquement la superposition de deux cultures de l'image : d'une part l'image baroque européenne qu'on pourrait résumer sous le terme de « représentation efficace », d'autre part l'image pré-colombienne nahuatl (ixiptla) dont la caractéristique est la présence efficace, vivante de la divinité dans l'image. C'est la superposition syncrétique de ces deux cultures de l'image qui, au Mexique du moins, est résumée dans le terme « image baroque latinoaméricaine ». Et Gruzinski d'ajouter une hypothèse hautement intéressante que je ne saurai développer ici : l'indigence de la modernisation en Amérique latine, en particulier de son volet alphabétisation, a eu comme conséquence qu'une continuité culturelle plus directe a pu s'établir dans certains pays d'Amérique latine entre l'image baroque historique et l'image cinématographique et télévisuelle de nos jours que dans les pays qui ont davantage développé une culture de l'écrit et de l'imprimé.

Janice Theodoro[10] s'intéresse aux tout premiers moments de reproduction de la culture baroque européenne, quand les colonisateurs européens avaient besoin de la main d'œuvre indigène pour reproduire leur culture d'origine en terre américaine. Elle parle alors de la double mémoire (culturelle) fragmentée qui marque ce processus, et elle fait l'hypothèse — vaguement psychanalytique — que cette blessure de la mémoire, de part et d'autre, suscite un désir de retotalisation de la mémoire qui pourra se manifester dans un avenir historique indéterminé[11]. En fait, cet avenir se précisera au 20ᵉ siècle dans les constructions d'identités culturelles nationales, voire continentales dans lesquelles, comme nous le verrons, le baroque intervient de manière décisive.

Pour faire des identités

A partir du « modernismo » brésilien, en passant par les décennies du « discurso americanista » incluant en particulier les écrits de Lezama Lima et jusqu'à Alejo Carpentier, on observe une forte mise à contribu-

---

[10] Dans *América barroca. Temas e variações*, Rio de Janeiro/São Paulo, Nova Fronteira/EDUSP, 1992.

[11] Étonnamment, puisque sans aucun lien explicite, Joachim Küpper a élaboré une hypothèse analogue dans le domaine de l'histoire discursive européenne : le baroque représenterait une *Diskursrenovatio*, une retotalisation des pratiques discursives qui auraient subi un processus de fragmentation et d'hétérogénéisation (l'auteur va jusqu'à parler de « chaotisation ») à l'époque de la Renaissance (*Diskurs-Renovatio bei Lope de Vega und Calderón. Untersuchungen zum spanischen Barockdrama. Mit einer Skizze zur Evolution der Diskurse in Mittelalter, Renaissance und Manierismus*, Tübingen, Narr, 1990).

tion du baroque pour la construction de l'identité culturelle américaine. Les modernistes brésiliens avaient comme programme de doter le Brésil, 100 ans exactement après l'indépendance politique, de ce qu'on pourrait appeler une indépendance culturelle en élaborant une culture nationale qui n'aurait plus un statut de copie périphérique américaine par rapport à un original métropolitain européen (la métropole culturelle s'étant déplacée de Madrid et respectivement Lisbonne vers Paris). Cette culture se voulait moderne, voire moderniste et, malgré ses velléités d'indépendance, s'inspirait beaucoup des avant-gardes européennes, ne fût-ce que par la posture de ses manifestes[12]. Ce qui est moins connu, c'est que les mêmes modernistes faisaient ensemble des excursions en Minas Gerais pour inventorier et admirer la culture baroque en tant que patrimoine culturel national.

A la fin des années 50, José Lezama Lima publie le recueil d'essais « La expresión americana »[13] dans lequel il développe, dans le contexte d'une théorie des images, l'idée d'une culture spécifiquement américaine dont le baroque serait une des pièces maîtresses. Dans son texte « La curiosidad barroca » qui fait partie de ce recueil, il ne conceptualise pas seulement le baroque américain comme étant différent du baroque européen, mais il lui attribue une fonction identificatoire très forte. Voici quelques traits illustrant cette appropriation américaine du baroque : d'abord il crée la personnification et figure presque allégorique « nuestro señor barroco » qu'il utilise à répétition dans ce texte et dont l'adjectif possessif « nuestro » marque bien le geste d'appropriation, ensuite il marque l'antagonisme avec la culture européenne en faisant du baroque le paradigme de la « contra-conquista », finalement, moyennant la figure du plutonisme, il attribue au baroque américain une énergie autonome et puissante, capable de fondre toute forme culturelle étrangère, mais en particulier celles issues du baroque européen, et d'en tirer, par une métamorphose ayant lieu dans le creuset américain, des formes spécifiquement américaines. Au-delà d'un certain antagonisme — provoqué par le jugement dépréciatif de Hegel sur le continent américain — qui transforme le baroque sous la plume de Lezama Lima en un véritable concept de combat, il y a donc grâce à cette énergie attribuée en propre à l'Amérique une appropriation carrément essentialiste du concept baroque. Cet essentialisme est pourtant contrebalancé, dans le même texte, par la pièce rhétorique de bravoure d'un banquet baroque littéraire. Dans une série de citations littéraires baroques Lezama Lima « monte » un banquet fastueux. Or, dans ce montage alternent les textes d'origines américaine et européenne, bien recon-

---

[12] On pense, en premier lieu, à « Poesia pau Brasil » (1924) et au « Manifesto antropófago » (1928) de Oswald de Andrade.

[13] J'ai consulté l'édition de Santiago de Chile : Editorial Universitaria, 1968 (©1957).

naissables, ce qui dément le postulat de fusion que véhicule la figure plutoniste.

Le cas d'Alejo Carpentier, légèrement postérieur, est différent. Il verse au discours du « americanismo » alternativement les paradigmes du baroque et du « real maravilloso », les deux assumant d'ailleurs des traits très ressemblants sous sa plume[14]. Dans son texte « Lo barroco y lo real maravilloso », il s'appuie sur la définition d'Eugenio D'Ors qui a fait du baroque un paradigme ahistorique (le baroque devient « une constante humaine » pouvant se concrétiser dans des manifestations historiques changeantes). Cette conceptualisation permet à Carpentier non seulement de déplacer le baroque sur le sol américain, mais, en faisant un pas de plus, d'en faire le paradigme américain par excellence :

> América, continente de simbiosis, de mutaciones, de vibraciones, de mestizajes fue barroca desde siempre (51)
> ¿Y por qué es América latina la tierra de elección del barroco? Porque toda simbiosis, todo mestizaje, engendra un barroquismo. El barroquismo americano se acrece con la criollidad. (54)
> El criollo por sí es un espiritu barroco (55)
> Nuestro mundo es barroco por la arquitectura —eso no hay ni que demonstrarlo— por el enrevesamiento y la complejidad de su naturaleza y su vegetación, por la policromía de cuanto nos circunda, por la pulsión telúrica de los fenómenos a que estamos todavía sometidos (61)

Ces quelques citations illustrent un des moments les plus essentialistes dans l'usage du concept baroque pour la construction d'une identité culturelle américaine. A la décharge de Carpentier, il faut ajouter que son usage littéraire du baroque — par exemple dans *Concierto barroco* — fait contrepoids à cet essentialisme en le déconstruisant.

De nos jours, il est difficile de trouver des usages aussi nettement essentialistes du baroque en Amérique latine, ou ailleurs. Par contre, le recours au paradigme baroque pour construire une identité culturelle américaine n'a point cessé ; tout au plus emprunte-t-il aujourd'hui des chemins plus subtils. Je prendrai comme témoin le travail qui émane d'un groupe de recherche mexicain que Bolívar Echeverría a réuni autour de lui à l'UNAM, depuis le début des années 1990[15].

---

[14] Je me réfère ici en particulier au texte « Lo barroco y lo real maravilloso », dans Alejo Carpentier, *Razón de Ser. Ciudad de la Habana,* Editorial Letras Cubanas, 1980, p. 38-65 (ce texte est issu d'une conférence donnée à Caracas en 1975).

[15] Je m'appuie dans ce qui suit en particulier sur deux volumes collectifs, le premier fut édité par Bolívar Echeverría : *Modernidad. Mestizaje cultural. Ethos Barroco*, México, UNAM/El Equilibrista, 1994 ; le second, auquel ont contribué du côté mexicain Bolívar Echeverría et Solange Alberro fut édité par Petra Schumm : *Barrocos y Modernos. Nuevos caminos en la investigación del Barroco iberoamericano,* Frankfurt a.M., Vervuert, 1998. Bolívar Echeverría est l'auteur d'une monographie plus récente (*La modernidad del barroco*, México, Era, 1999) que je n'ai malheureusement pas pu consulter.

Le premier aspect saillant de cette recherche réside dans le fait que Bolívar Echeverría ne pense pas le baroque comme un paradigme culturel pré-moderne ou anti-moderne. Bien au contraire. L'originalité de son approche consiste à réinsérer le baroque dans la modernité[16]. Pour ce faire, un double point d'attaque historique est articulé : le 17e siècle dans l'histoire coloniale de l'Amérique latine et la crise contemporaine de la modernité. Dans son essai « La Compañia de Jesús y la primera modernidad de América latina »[17], Bolívar Echeverría s'oppose à l'idée répandue que la modernité en Amérique latine est inachevée ou indigente en faisant valoir que le projet jésuite de républiques indigènes à implanter sur sol américain à l'époque baroque comportait en fait déjà les traits principaux de la modernité. Dans la dimension utopique d'États guaranis à créer, les jésuites proposaient un projet alternatif à la colonisation pure et simple et voulaient de la sorte réaliser une modernité alternative. La non-réalisation de ce projet, plus exactement la destruction de ses débuts de réalisation[18] n'enlève rien à leur importance et à la possibilité de réinsérer le baroque latino-américain dans ce que la modernité européenne comporte elle-même de plus noble et qu'elle a par la suite fait avorter.

La crise contemporaine de la modernité fait ressortir une problématique analogue : la réalisation capitaliste de la modernité mène à des impasses. Il devient donc impératif d'inventer une modernité alternative de type post-capitaliste, c'est-à-dire de réactiver les forces utopiques de la modernité pour dépasser ce moment de crise. Voici comment Boaventura de Sousa Santos formule cette crise et amorce son dépassement :

> Hay los que piensan que el paradigma de la modernidad era originalmente un paradigma muy amplio pero que se estrechó cuando, a mediados del siglo XIX, se redujo —o se dejó reducir— a un modelo social capitalista y que, de ese momento para acá, no es posible reconstruir como un proyecto amplio a la modernidad ; o sea, que una modernidad postcapitalista tiene que ser, paradójicamente postmoderna. Allí está la corriente de los que piensan que aquí entra el punto de vista postmoderno[19].

---

[16] Chez Lezama Lima on observe une ambition analogue, à condition de renverser la formulation : il s'agit davantage d'insérer la modernité (dans *Der Prozeß der Neugierde*, Hans Blumenberg identifie la curiosité comme un topos moderne par excellence) dans le baroque.

[17] Dans Schumm (éd.), *op. cit.*, p. 49-65.

[18] Episode historique recréé fictionnellement en 1986 dans le film *The Mission* par Roland Joffe.

[19] Boaventura de Sousa Santos, « El Norte, el Sur, la utopía y el ethos barroco », dans Bolívar Echeverría, (éd.), *op. cit.*, p 312.

Il y aurait donc un postmoderne qui devrait réouvrir le projet moderne rétréci et faire ressortir son potentiel utopique enseveli. Et c'est là que le baroque interviendrait comme un paradigme capable de sauver le noyau vital même de la modernité : sa dynamique utopique. Plus exactement, interviendrait ici ce que le groupe de Bolívar Echeverría appelle « l'ethos baroque », un terme assez difficile à cerner, comme le montre cette citation de Boaventura de Sousa Santos :

> Pero el pensamiento utópico, que está a la base de una nueva epistemología, exige también una nueva psicologia...... una nueva subjetividad...... Es aquí donde entra, para mi, el ethos barroco. Para mi la idea de un ethos barroco es una propuesta válida en la medida en que es una subjetividad capaz y deseosa de la utopía (p. 322.)
>
> [...] ¿qué es el ethos barroco ? Antes que nada, lo barroco no es postmoderno ; lo barroco es parte integrante de la modernidad, un desvío suyo, a mi juicio, una transgresión dentro de la modernidad. Es una centrifugación a partir de un centro, que puede ser más o menos débil, pero que existe y se hace presente. Lo Postmoderno, por el contrario, en cualquiera de sus dos versiones, no tiene centro, es acéntrico, de ahí le viene su carácter « post ». Y el barroco. Por qué es una transgresión, un desvío, una dramatización, una hiperritualización ? Lo barroco es, a mi juicio, aquello que en la modernidad facilita el paso a la postmodernidad, es un elemento constitutivo de la subjetividad moderna que anuncia ya, y crea, una verdadera similitud con lo postmoderno, un puente entro lo moderno y lo postmoderno[20]

On peut mieux aborder cet « ethos baroque » si on extrait le dénominateur commun des trois lieux et moments de manifestation qui sont mis en parallèle par le groupe de Bolívar Echeverría : l'émergence du baroque dans la situation postrenaissante, le métissage de sociétés et cultures latinoaméricaines pendant la période coloniale et, finalement, la crise contemporaine de la modernité. Dans les trois situations, il y a un paradigme affaibli — la culture classique, les deux cultures qui s'affrontent en Amérique, la modernité — dont il est possible de réactiver la vitalité originale par un moment baroque, c'est-à-dire par des pratiques de reproduction déformantes et transgressives. Ici Bolívar Echeverría décrit ce processus à la fois pour le baroque européen et pour le métissage culturel latinoaméricain qui est la condition pour la naissance du baroque américain tout en constituant déjà sa première manifestation :

> son los criollos de los estratos bajos, mestizos aindiados, amulatados, los que, sin saberlo, harán lo que Bernini hizo con los cánones clásicos : intentarán despertar y luego reproducir su vitalidad original. Al hacerlo, al alimentar el código europeo con las ruinas del código pre-

---

[20] *Ibid.*, p 324.

hispánico (...) son ellos quienes pronto se verán construyendo algo diferente de lo que se habían propuesto ; se descubrirán poniendo en pie una Europa que nunca existió antes, una Europa diferente, « latinoamericana[21].

La triple construction d'une configuration où intervient un « ethos baroque » comporte donc une situation spécifiquement latino-américaine à partir de laquelle pourra s'articuler l'appropriation américaine du baroque aujourd'hui. C'est ici que nous sommes ramenés à l'usage identitaire du paradigme baroque, usage qui n'est cependant plus essentialiste, et ne s'articule qu'au bout d'un long travail sur l' « ethos baroque ». Mais ce détour ne ramène pas moins à l'Amérique latine comme continent baroque par excellent. Chez Bolívar Echeverría, une fois que le lien intrinsèque entre métissage culturel et baroque latino-américain est établi (« la conexión entre el mestizaje cultural en la España americana y el ethos barroco »[22]), le baroque peut être considéré comme propre à l'Amérique latine, comme sa propriété culturelle :

> La estrategia del mestizaje cultural propia de la tradición iberoamericana es una estrategia barroca, que coincide perfectamente con el comportamiento característico del ethos barroco de la modernidad europea y con la actitud barroca del postrenacentismo frente a los cánones clásicos del arte occidental[23].

Et Boaventura de Sousa Santos de renchérir sur la spécificité latino-américaine de « l'ethos baroque » d'aujourd'hui : « un ethos barroco como una interpretación específica de la condición latinoamericana »[24]. Après avoir réaffirmé l'importance de l'« ethos baroque » pour le dépassement de la crise actuelle de la modernité, il enracine ce facteur décisif en terre d'Amérique du Sud qui devient de ce fait le continent d'où viendra le sauvetage de la modernité. Il renverse de la sorte tous les schémas du modèle colonial, un peu comme la figure de l'anthropophagisme brésilien l'avait fait, et comme la transmission quelque peu spenglerienne du foyer de la Culture de l'Europe vers l'Amérique, telle que postulée par Lezama Lima, l'avait suggéré :

> Aquí el ethos barroco es muy importante, porque es una subjetividad capaz de retórica, de visualización, de sensualidad, de inmediatez, capaz de inventar y combinar conocimientos aparentemente incombinables, de distinguir la vocación de las alternativas y, al mismo

---

[21] Bolívar Echeverría, « La Compañia de Jesús y la primera modernidad de América latina », Schumm, *op. cit.*, p 64.
[22] Bolívar Echeverría, « El ethos barroco », dans Bolívar Echeverría (éd.), *op. cit.*, p 35.
[23] *Ibid.*, p 36.
[24] Boaventura de Sousa Santos , « El Norte, el Sur, la utopía y el ethos barroco », dans Bolívar Echeverría, *op. cit.*, p 327.

> tiempo, capaz de sorprenderse, de rebelarse, de distanciarse, de reírse. Este ethos barroco viene del Sur y, en la transición paradigmática, el Norte tiene que aprender del Sur. De hecho, podemos decir que en este Coloquio tenemos que reforzar más esta perspectiva y no la del Norte, como a veces ocurre. (...)
> Por lo tanto, para mí el ethos barroco es una manera de aprender del Sur para encontrar una forma nueva de pensar en esta transición paradigmática[25].

Non seulement le baroque est-il ainsi devenu le paradigme identificateur de tout un sous-continent[26], mais il servira aussi de paradigme intégrateur pour la construction d'identités nationales. Je n'illustrerai que très brièvement ce second chantier d'identité en résumant le travail que fait à ce sujet Solange Alberro pour le cas du Mexique. En accord avec Bolívar Echeverría qui relève le fait que le baroque inclut différents niveaux sociaux : « el proyecto criollo elitista » et « el proyecto criollo de abajo »[27], elle insiste, dès son travail de 1994 sur « Criollismo y barroco en América latina »[28], sur la force socialement intégratrice (« sociabilidad integradora »[29]) de la fête baroque du 17e siècle. Dans le texte « Imagen y fiesta barroca : Nueva España, siglos XVI-XVII »[30], elle situe à nouveau son analyse du baroque historique au niveau de la culture populaire. La fête populaire, en particulier, doit pouvoir s'adresser à toutes les composantes de la société hétéroclite du XVIIe siècle, en termes de strates, ethnies et cultures, afin qu'elle puisse remplir sa fonction d'intégration sociale :

> La fiesta barroca era y debía ser polisémica para ser exitosa, o sea, para cumplir con sus funciones. [scilicet : d'intégration] Y para ser polisémca, debía forzosamente ser mixta y ser mestiza.
>
> La fiesta y la imagen barrocas novohispanas, que triunfaron precisamente durante el siglo XVII, verdadera matriz de una sociedad nueva, se inscriben en esta perspectiva[31].

Elle tient donc à faire de la fête baroque historique un élément culturel socialement rassembleur pour la société latinoaméricaine — et

---

[25] Boaventura de Sousa Santos, *op.cit.*, p 330.

[26] Il y aurait une intéressante étude à faire pour expliquer comment et pourquoi tant dans le Sud que dans le Nord, l'adjectif « américain » désignant en principe tout un continent, est utilisé pour référer exclusivement tantôt à sa partie latinoaméricaine, tantôt aux États Unis.

[27] Dans Petra Schumm (éd.), *op. cit.*, p 53)

[28] Bolívar Echeverría (éd.), *op. cit.*, pp 95-109.

[29] *Ibid.*, p 107.

[30] Dans Petra Schumm (éd.), *op. cit.*, pp 33-48.

[31] *Ibid.*, p 45.

plus spécifiquement mexicaine — en émergence. Car, même si Solange Alberro ne parle en principe que des XVIe et XVIIe siècles, elle a bien — téléologiquement — en vue la future « nation mexicaine » moderne : « Asentaron los cimientos de lo que seria mucho más tarde la nación mexicana (p 45). Et bel et bien, dans la partie finale de son texte, elle fait explicitement le saut au XXe siècle où elle retrouve la fête baroque comme un trait culturel constitutif du tissu social mexicain :

> Esto explica la razón por la que lo barroco no puede ser de ninguna manera circunscrito a una época determinada o incluso a un reinado o dos, como sucede en la mayoría de los países mediterráneos. Al seguir siendo una sociedad mestiza profundamente heterogénea, con niveles muy desiguales de desarrollo y características culturales muy diversas, la sociedad mexicana de finales del siglo XX sigue siendo también particularmente receptiva a todas las manifestaciones barrocas...[32]

Faisant ici un bref bilan intermédiaire, force nous est de reconnaître que le baroque a été pris en charge par des projets identitaires qu'il est censé véhiculer. Il assume ainsi un rôle de légitimation idéologique pour la constitution de l'américanité latine, de la société latinoaméricaine, des nouvelles nations et de l'État national mexicain en particulier. Ceci situe cet usage du concept et de la culture baroques dans la proximité de ce que José Antonio Maravall a appelé l'instrumentalisation du culturel dans le contexte de la culture espagnole du 17e siècle. L'unité à venir, le ciment des nations latinoaméricaines modernes et postcoloniales plongeraient leurs racines dans la culture baroque coloniale.

Cette vision téléologique qui attribue au baroque une forte fonction identitaire-intégratrice —transférable du culturel au social et du social au politique— a tendance à oublier qu'elle est basée sur ce que Gruzinski appelle une société fractale, une réception fragmentée de diverses cultures, un brouillage des identités. Ou sur ce que Janice Theodoro appelle la fragmentation de la mémoire culturelle. A moins que cette prise en charge identitaire du baroque ne représente justement le moment de retotalisation de la mémoire que Janice Theodoro avait prédite pour un avenir indéterminé.

Pour défaire des identités

La mobilité du paradigme baroque peut cependant déployer son efficience dans des usages bien différents. Dès que nous observons des artistes baroques tels que Severo Sarduy en littérature ou Raúl Ruiz en cinéma, nous sommes obligés de constater que leur pratique du

---

[32] *Ibid.*, p 46.

baroque ne soutient pas la construction d'identités. Bien au contraire, ils s'attaquent aux moules identitaires dans le domaine culturel. En vue de donner un maximum d'évidence à mon argument, je resterai dans le versant latinoaméricain du paradigme pour documenter des usages clairement opposés à la construction d'identités. Pour ce faire, je me déplacerai vers le débat brésilien contemporain sur le baroque.

Ce débat s'est cristallisé depuis une quinzaine d'années dans un échange aux tonalités polémiques entre Haroldo de Campos et ce qu'on pourrait désigner par l'école de Antonio Candido. Au cœur de ce débat se trouve la figure légendaire du poète luso-brésilien du 17e siècle Gregório de Matos. Il s'agit là d'une figure historiquement lointaine, mais le miroitement de ses multiples facettes a réussi à capter, de nos jours, l'imaginaire des Brésiliens et l'a projetée sur la scène de la culture brésilienne contemporaine. Gregório de Matos est aujourd'hui un véritable héros culturel au Brésil. Figure historique de Bahia, il fut surnommé « boca de inferno » en vertu de sa production satirique. Une bonne partie de la première édition complète de ses œuvres fut confisquée et détruite par le régime militaire en 1968[33]. Depuis une quinzaine d'années il a connu beaucoup de ré-activations, que ce soit dans des spectacles, dans une biographie romancée (par Ana Miranda), dans des monographies critiques et scientifiques (entre autres de Gomes Teixeira, João Adolfo Hansen, Haroldo de Campos) ou encore dans la reprise en chanson par Caetano Veloso de son poème « Triste Bahia ». Nous assistons donc aujourd'hui à la fabrication d'un héros culturel contemporain à partir des matériaux que fournit cette figure baroque du 17e siècle.

C'est dans ce contexte qu'il faut situer l'intervention polémique de Haroldo de Campos, en 1989, contre Antonio Candido. Dans son livre *O seqüestro do barroco na formação da literatura brasileira. O caso de Gregório de Matos*[34], Haroldo de Campos reproche à Antonio Candido d'avoir fait disparaître – il utilise le terme dramatique de séquestrer - de l'histoire littéraire brésilienne le poète luso-brésilien baroque. Et ceci dans son oeuvre fondatrice de l'histoire littéraire brésilienne *A formação da literatura brasileira* (1956-57). Comment rendre plausible une telle accusation ? Comme plaider une telle « cause » ?

Avant de fournir une réponse à ces questions, relevons le fait remarquable qu'ici le paradigme baroque est en train de changer de camp. Contrairement à l'usage qu'en font Echeverría, Boaventura de Sousa Santos et Alberro, le baroque se trouve en position opposée à toute construction d'identité de type moderne et apparaît, tout au contraire, doté d'un pouvoir subversif par rapport au paradigme de la modernité.

---

[33] Il s'agit de l'édition établie par James Amado: Gregório de Matos, *Obras completas: crônica de viver baiano seiscentista*, Salvador, Ed. Janaína, 7 vol., 1968.

[34] Salvador, Fundação Casa Jorge Amado, 1989.

Dans le livre de Haroldo de Campos, le poète baroque bahien devient la machine de guerre dont il se sert pour dénoncer la prise en charge de la littérature nationale par une modernité totalisante et réductrice de type hégélien. Sa stratégie critique consiste à expliciter tous les idéologèmes qui se terrent dans l'historiographie littéraire de Antonio Candido :

> Uma « animista », outra « organicista ». A primeira, decididamente ontológica (auscultação da « voz do Ser », tema caro à « metafísica da presença »). A outra, ligada ao pressuposto evolutivo-biológico daquela historiografia tradicional que vê reproduzir-se na literatura um processo de floração gradativa, de crescimento orgânico, seja regido por uma « teleologia naturalista », seja pela « idéia condutora » de « individualidade » ou « espírito nacional », a operar, sempre com dinamismo teleológico, no encadeamento de uma sequência acabada de eventos (e a culminar necessariamente num « classicismo nacional », correspondente, no plano político, a outro « instante de plenitude, a conquista da unidade da nação »)[35].

La « formation » de la littérature brésilienne — un calque de la notion de *Bildung* et son transfert du sujet individuel vers un sujet collectif — chez Antonio Candido véhicule en fait un programme idéologique très lourd : la littérature est au service de la « formation » d'un caractère collectif appelé « nation » ; dans le contexte de cette « formation » elle reçoit la fonction de développer et finalement d'incarner l'esprit national ; elle connaîtra donc nécessairement une évolution progressive, selon le modèle d'une ontogénèse biologique ; elle doit mener cet esprit à sa parousie dans la plénitude de l'identité et de l'unité nationale.

Or, la poésie baroque de Gregório de Matos n'a pas de place dans un tel schéma, elle n'y entre même pas. En effet, ce poète représente, à l'origine même de la littérature brésilienne[36], une poésie non pas simple, voire « primitive » comme le schéma le voudrait, mais une œuvre hautement complexe et du plus grand raffinement, allant de la sorte à contre-courant du programme évolutif de la « formation ». Il ne contribue pas à l'élaboration d'une identité unifiée, mais fait au contraire éclater toute unité identitaire dans le multiple, dans l'hétérogène et dans la fragmentation. Sa dépense des matériaux langagiers ne « capitalise » pas, n'accumule pas du sens appelé à se révéler plénier dans une

---

[35] Haroldo de Campos, *op. cit.*, p 13.

[36] Dans un texte plus récent, Haroldo de Campos parlera de « Le baroque – la non-enfance des littératures ibéro-américaines : une constante et une perdurance », dans Goyer, Nicolas et Walter Moser (éds.), *Résurgences baroques. Les trajectoires d'un processus transculturel*, Bruxelles, La Lettre Volée, 2001, p. 91-99.

parousie finale[37]. Le paradigme baroque vient de la sorte briser la vision téléologique d'une révélation de l'esprit national dans la littérature nationale.

Affirmé de la sorte moyennant la figure du poète Gregório de Matos, le baroque apparaît comme une pratique culturelle capable de défaire le schéma moderne de la « formation nationale ». Et ceci sur plusieurs plans : d'abord il déshistoricise la poésie, en réactivant un matériau du 17e siècle dans le moment présent, en faisant de Gregório de Matos un poète contemporain[38] ; du moins rompt-il le schéma historiographique linéaire-progressif en y insérant le poète baroque à contre-courant. Ensuite, il dénationalise la littérature en branchant le baroquisme de Gregório de Matos sur des paradigmes théoriques internationaux comme la dévoration culturelle et la déconstruction. Finalement, il dés-idéologise la littérature en activant la ludicité, la dépense sémiotique et la jouissance du corps signifiant dans la poésie baroque, ceci contre l'établissement d'un Sens unifié et transcendant sur le socle métaphysique du projet de Antonio de Candido.

Conclusion

Cette rapide traversée de quelques cas d'utilisation du paradigme baroque dans son versant latinoaméricain est, certes, un exercice très limité. Il aurait besoin d'être mené sur une plus large base et d'être exécuté plus en profondeur. Malgré toutes ces limitations, il aura permis de faire la démonstration de l'efficacité historique du baroque. Paradigme culturel transhistorique et interculturel, le baroque se prête à bien des usages, soutient bien des causes, est approprié à partir de positions diverses et parfois diamétralement opposées.

J'ai tenu à documenter cette problématique dans la culture et dans les débats contemporains afin de montrer que le baroque n'a pas fini de jouer au « joker » qui peut se trouver dans le jeu de différents discours. Pouvant difficilement être fixés sur un « être » propre, se tenant dans la virtualité d'une puissance mobile, le concept et les pratiques baroques sont d'autant plus efficaces qu'ils peuvent se concrétiser de part et d'autre de divisions qui semblent infranchissables. Les exemples considérés montrent comment le baroque peut être pris en charge par des programmes identitaires culturels, politiques et idéologiques, tant au

---

[37] Le gaspillage (potlatch) symbolique, voilà la ligne de force de l'argument d'économie symbolique que Severo Sarduy emprunte à Marcel Mauss par l'intermédiaire de Georges Bataille.

[38] D'ailleurs au grand déplaisir de João Adolfo Hansen qui n'y voit que de l'anachronisme (cf. son livre *A Sátira e o engenho. Gregório de Matos e a Bahia do século XVII*, São Paulo, Companhia das Letras, 1989).

niveau continental qu'au niveau national. Ces programmes peuvent vouloir l'engager même dans des manifestations essentialistes. Mais le même paradigme peut se trouver engagé dans des stratégies de déconstruction d'identités et devenir une véritable machine de guerre pour défaire la prétention fondatrice de certains discours, de même que la fonction légitimante de certains grands récits.

Il n'y a pas, à mon avis, une mise en discours vraie et une autre qui serait fausse du baroque. Il y a certes des articulations plus ou moins intéressantes, plus ou moins convaincantes, mais, puissance plutôt que forme ou objet et encore moins essence ontologique, le baroque peut se trouver activé dans des camps opposés. C'est ainsi qu'il démontre son efficacité historique du 17e jusqu'à l'heure actuelle. Et, engagé dans le débat des identités, il peut être mis à contribution autant pour les faire que pour les défaire.

Bibliographie

Amado, James, de Matos, Gregório, *Obras completas : crônica de viver baiano seiscentista*, Salvador, Ed. Janaína, 7 vol., 1968.

Barck, Karlheinz et al. (éds), *Ästhetische Grundbegriffe*, Stuttgart, Metzlersche Verlagsbuchhandlung, 2000, vol. I.

Beaussant, Philippe, *Vous avez dit « baroque » ?*, Paris, Actes Sud, 1981.

Bukdahl, Else Maria, Juhl, Carsten (éds.), *Puissance du baroque. Les forces, les formes, les rationalités*, Paris, Galilée, 1996.

Carpentier, Alejo, « Lo barroco y lo real maravilloso », *Razón de Ser. Ciudad de la Habana*, Editorial Letras Cubanas, 1980, p. 38-65.

de Campos, Haroldo, *O seqüestro do barroco na formação da literatura brasileira. O caso de Gregório de Matos*, Salvador, Fundação Casa Jorge Amado, 1989.

de Campos, Haroldo, « Le baroque — la non-enfance des littératures ibéro-américaines : une constante et une perdurance », *Résurgences baroques. Les trajectoires d'un processus transculturel*, Bruxelles, La Lettre Volée, 2001, p. 91-99.

Echeverría, Bolívar, *Modernidad. Mestizaje cultural. Ethos Barroco*, México, UNAM/El Equilibrista, 1994.

Gruzinski, Serge, *La Guerre des images de Christophe Colomb à « Blade Runner »* (1492-2019), Paris, Fayard, 1990.

Gruzinski, Serge, *La Pensée métisse*, Paris, Fayard, 1999.

Hansen, João Adolfo, *A Sátira e o engenho. Gregório de Matos e a Bahia do século XVII*, São Paulo, Companhia das Letras, 1989.

Küpper, Joachim, *Diskurs-Renovatio bei Lope de Vega und Calderón. Untersuchungen zum spanischen Barockdrama. Mit einer Skizze zur Evolution der Diskurse in Mittelalter, Renaissance und Manierismus*, Tübingen, Narr, 1990.

Lezama Lima, José, *La expresión americana*, Santiago de Chile, Editorial Universitaria, 1968.

Moser, Walter, « Résurgences et valences du baroque », *Résurgences baroques. Les trajectoires d'un processus transculturel*, Bruxelles, La Lettre Volée, 2001, p. 25-43.

Rincón, Carlos, « El universo neobarroco », *Modernidad. Mestizaje cultural, Ethos barroco*, México, UNAM/El Equilibrista, 1994, p. 349-387.

Sarduy, Severo, « El barroco y el neobarroco », *América latina en su literatura*, Paris, UNESCO/Siglo veintiuno, 1972, p. 167-184.

Schumm, Petra, *Barrocos y Modernos. Nuevos caminos en la investigación del Barroco iberoamericano*, Frankfurt a.M., Vervuert, 1998.

Teodoro, Janice, *América barroca. Temas e variações*, Rio de Janeiro/São Paulo, Nova Fronteira/EDUSP, 1992.

Todorov, Tzvetan, *Les genres du discours*, Paris, Seuil, 1978

Écritures et exclusions

Reinaldo Arenas et Nicole Brossard : discours d'exclusion et discours d'inclusion

Marie Couillard
Université d'Ottawa

Reinaldo Arenas et Nicole Brossard sont nés en 1943, le premier à Cuba, la seconde au Québec. Écrivains dissidents, ils sont tous deux refoulés dans la différence, le premier pour son homosexualité, la seconde pour son féminisme radical. Face à leurs textes, deux questions se posent : Comment ces deux écrivains écrivent-ils, à partir de la marge, envers et contre une identité figée ? Comment lire leur écriture au-delà du stéréotype et du cliché de façon à faire advenir les significations nouvelles qui s'en dégagent ?

Reinaldo Arenas s'est imposé à la conscience du grand public, tant européen que nord-américain, grâce au film *Before Night Falls* que Julian Schnabel a tiré de son ouvrage autobiographique *Antes que anochezca*. Le film a remporté le Grand prix spécial du jury 2000 à la Mostra de Venise et son principal interprète, Javier Bardem, a été mis en nomination, en 2001, pour l'Oscar du meilleur acteur pour son interprétation magistrale du personnage d'Arenas.

Le manuscrit *d'Antes que anochezca* porte la date d'août 1990, quatre mois à peine avant la mort d'Arenas. Il représente la transcription de quelque 30 cassettes. C'est un livre écrit dans une course contre la mort, un livre cru, non seulement souvent mal écrit, mais à peine écrit, parlé, hurlé (Soto : 1992 : 22). À partir d'une combinaison de faits historiques et d'une fiction exagérée, délirante, Arenas y raconte la répression sexuelle et politique qu'il a dû subir à Cuba. La traduction française du livre, *Avant la nuit,* paraît en 1992, deux ans après la mort d'Arenas. Par une étrange coïncidence, elle est publiée, à Paris, quelques mois avant l'édition espagnole, à Barcelone[1]. La version anglaise ne paraît qu'en 1994.

L'autobiographie de Reinaldo Arenas, car il s'agit bien ici d'une autobiographie, nonobstant la combinaison de faits historiques et de fiction délirante qui la compose, de là la controverse entourant la clas-

---

[1] Cette coïncidence à elle seule justifie que j'aie recours à la version française. D'autant plus qu'Arenas mentionne lui-même l'excellence des traductions de Liliane Hasson (Arenas : 11).

sification de l'ouvrage. Tout d'abord, on y retrouve, le « pacte autobiographique » tel qu'énoncé par Philippe Lejeune. En effet, Arenas déclare dès le premier chapitre intitulé paradoxalement « La fin », que son texte est une autobiographie (Arenas : 1992 : 10, 11, 12), contrairement à d'autres textes, tel *El color del verano* qu'il appelle lui-même « un roman qui résume une grande partie de ma vie sous forme imaginative et désinvolte » (Arenas : 1992 : 15). De plus, *Avant la nuit*, obéit à chacune des catégories proposées par Philippe Lejeune dans sa définition de l'autobiographie[2]. Il s'agit d'un récit en prose, qui raconte la vie de Reinaldo Arenas, de son enfance à la veille de son suicide en décembre 1990 d'un point de vue rétrospectif, mis à part le court chapitre d'introduction. Enfin, l'auteur en est, à la fois, le narrateur et le personnage principal. Cependant, l'autobiographie reposant sur un « projet d'une impossible sincérité » (Lejeune : 1998 : 20) relève autant d'un mode de lecture que d'un mode d'écriture. Aussi, plusieurs autobiographies sud-américaines n'ont pas été lues comme telles : « They have not always been read autobiographically : filtered through the dominant discourse of the day, they have been hailed either as history or as fiction, and rarely considered as occupying a space of their own. » (Molloy : 1991 : 2) Quoiqu'il en soit, la voix autobiographique d'Arenas dans *Avant la nuit* est une voix qui décrit le parcours d'un désir homoérotique dans un pays marqué, tout d'abord, par des préjugés et des idées préconçues de l'homosexualité légués par son héritage catholique et espagnol, et par les politiques d'un état révolutionnaire puritain qui jugeait l'homosexualité contraire à l'édification d'une société socialiste (Soto : 1998 : 12).

Reinaldo Arenas naît dans la misère rurale de la campagne cubaine. Déclaré non-personne ou sans existence par le régime castriste à cause de son homosexualité, il s'enfuit à New York en 1980, où, atteint du sida, il met fin à ses jours en 1990. Toute la vie d'Arenas se résume à un engagement passionné envers l'érotisme ou plutôt sa propre conception de l'érotisme, de la littérature et de l'écriture, de Cuba et de sa haine du régime castriste et enfin, envers ses amis, en particulier, Jorge et Margarita Camacho, Lázaro Gomes, Roberto Valero, María Badías et Virgilio Piñera (Soto : 1998 : 20).

Son premier roman, publié en 1967, lui attire l'hostilité des pouvoirs publics par son écriture transgressive, non conventionnelle, qui réclame le droit de l'individu à s'exprimer librement. Aussi, Arenas est-il déclaré anti-révolutionnaire, son comportement anti-social, et son livre, censuré. Nous sommes dans les années 60, « une époque où se développe

---

[2] Philippe Lejeune définit l'autobiographie comme suit : « un récit rétrospectif en prose que quelqu'un fait de sa propre existence, quand il met l'accent principal sur sa vie individuelle, en particulier sur l'histoire de sa personnalité ». (Philippe Lejeune, *L'autobiographie en France*, Paris, Armand Colin, 1998, p. 10.)

[a] dans le pays, de façon occulte, une grande liberté sexuelle » (Arenas : 1992 : 150). C'est aussi une période où les brigades jaunes visent à endurcir les garçons trop efféminés, où le régime castriste persécute ouvertement les homosexuels en les incarcérant dans des camps de concentration (les UMAP : Unidades Militares de Ayuda a la Producción) créés spécifiquement pour corriger les déviances antisociales, tel un comportement homosexuel évident (Arenas : 1992 : 171). Ce qui avait fait dire à Jean-Paul Sartre « Cuba n'a pas de juifs mais des homosexuels » (Soto : 1998 : ix).

Défiant la censure, Arenas envoie ses romans à l'étranger. Durant les années 70, tandis que ses textes sont lus et louangés en Europe et en Amérique latine, Arenas est un exilé dans son propre pays. Pourchassé, traqué, il est réduit à vivre une existence picaresque à La Havane. Le régime confisque et détruit ses romans à plusieurs reprises. Il est emprisonné deux ans au El Morro (1974-1976) sous une accusation d'abus lascifs et de propagande anti-révolutionnaire. Ce n'est qu'en 1980, par suite d'une erreur administrative, qu'il réussit à s'échapper de Cuba dans le cadre de l'opération Mariel.

Avant la nuit comprend 71 chapitres qui peuvent être divisés en trois parties correspondant aux périodes de la vie d'Arenas. La première (18-116) raconte, dans une prose poétique, son enfance rurale pauvre. Du point de vue du narrateur, cette période aurait été la plus créatrice de sa vie, il y évoque l'éveil précoce de sa sexualité alors que toute rencontre est chargée d'érotisme : les arbres, les animaux, les cousins, cousines, un oncle... (Arenas : 1992 : 47) À partir de la deuxième partie (124-385), qui rend compte de son installation à La Havane, jusqu'à son évasion par le port de Mariel, le ton change. Tout d'abord, Arenas relate ses premières années à La Havane, son travail à la Bibliothèque, sa rencontre avec José Lezama Lima et Virgilio Piñera pour faire le point, dans le chapitre intitulé « Ma génération », sur la condition des écrivains de sa génération sous la Révolution (Arenas : 1992 : 148-150). L'autobiographie adopte ensuite un ton plus carnavalesque où des scènes de rencontres homosexuelles extravagantes alternent avec des scènes de persécution, de collusion voire de trahison encouragées par un régime totalitaire soucieux de bâillonner toute dissidence. Ces aventures ou mésaventures s'inscrivent dans le registre du camp, non pas un camp apolitique tel que l'avait décrit Susan Sontag[3], mais un camp visant à confronter, à miner un code de comportement rigidement hétérosexiste imposé qui faisait de l'homosexualité un crime (Soto : 1998 : 23-24). « Deux attitudes, deux personnalités semblent toujours

---

[3] « For Sontag, camp was the sign or symptom of the collapse of the moral or political into the aesthetic. » (Paul Julian Smith, *The Body Hispanic : Gender and Sexuality in Spanish and Spanish American Literature*, Oxford, Clarendon, 1989, p. 175.)

lutter dans notre histoire : celle des rebelles permanents amoureux de la liberté, donc de la création et de l'innovation; et celle des opportunistes, des démagogues, du crime et des ambitions les plus mesquines. » (Arenas : 1992 : 148-149) Il s'agit ici d'un camp qui, comme l'a souligné Judith Butler, cherche à subvertir en soulignant l'artificiel, le construit de ce que la société dominante donne comme le seul naturel possible (Butler : 1997 : 304-305). En renversant ainsi les notions de « naturel », le camp ouvre la porte à la liberté de comportement (Bergman : 1995 : 135). Les dernières 36 pages d'*Avant la nuit* sont consacrées aux dix ans à New York où Arenas écrit la grande partie de son œuvre, enseigne la littérature dans les universités, notamment à Cornell, au Woodrow Wilson Centre à Washington, voyage à travers l'Europe où il donne des conférences à l'Université de Stockholm, fonde la revue *Mariel* et poursuit ses aventures amoureuses. Le peu d'importance qu'il accorde à sa nouvelle liberté se révèle dans ce peu de pages. L'Amérique et sa communauté homosexuelle le déçoivent. Sa vie, sa vraie vie, c'était à Cuba.

Avant la nuit doit être lu comme la construction d'une identité homoérotique par opposition aux définitions patriarcale et hégémonique de l'image virile du « nouvel homme » promue par la révolution cubaine dont l'archétype était Che Guevera, le concepteur de l'expression « nouvel homme », celui-là même qui avait tout sacrifié pour la révolution. L'homophobie du régime castriste n'est pas seulement redevable à l'homophobie et à l'hypermasculinité véhiculée par le marxisme léninisme. Elle est surtout fortement ancrée dans l'héritage espagnol et catholique prévalant en Amérique latine, héritage qui distinguait clairement entre les comportements masculin et féminin dans ses discours sur la construction des genres.

Liliane Manzor-Coats étudie cette question en profondeur dans l'ouvrage intitulé *Latin American Writers on Gay and Lesbian Themes*. Elle fait valoir que l'Amérique latine, forte de ses traditions, construit l'identité sexuelle à partir du paradigme de la dichotomie *marianismo/machismo* (ou selon David Foster, celui de *Insertor/Insertee* (Foster : 1995 : 425-431) à partir duquel l'homosexualité est lue. Selon Diana Fuss, l'homosexuel se distingue de l'hétérosexuel en ce qu'il devient identifié à partir du même mécanisme nécessaire pour définir et défendre toute frontière sexuelle, masculine et/ou hétérosexuelle « Homosexuality […] stands in for paradoxically that which stands without. But the binary structure of sexual orientation, fundamentally a structure of exclusion and exteriorisation, nonetheless constructs that exclusion by prominently including the contaminated other in its oppositional logic. » (Fuss : 1991 : 3) Ainsi l'homosexuel par rapport à l'hétérosexuel tout comme le féminin par rapport au masculin opèrent une indispensable exclusion intérieure. Selon Manzor-Coats, en Amérique latine l'identité féminine est construite en termes de *marianismo* à partir du personnage de Marie la Vierge comme symbole féminin de chasteté et de maternité. D'autre part, la masculinité est inscrite sous le code du *machismo*. Aussi, est-elle ramenée à la dominance mâle qui se manifeste par une agressivité exagérée et l'entêtement dans les rapports entre hommes, ainsi que l'arrogance jusqu'à l'agression sexuelle dans les rapports hommes-femmes (Manzor-Coats : 1994 : xix). C'est d'ailleurs dans une telle atmosphère qu'Arenas raconte avoir passé son enfance : « On respirait à Holguín une atmosphère machiste comme celle dans laquelle ma famille m'avait élevé. » (Arenas : 1992 : 71) Une telle construction se traduit socialement par une nette différenciation dans les rôles entre actif/passif assignés à la masculinité et à la féminité. Ainsi, dans le contexte latino-américain, les catégories masculin/féminin qui se présentent comme « naturelles », « normales » relèvent d'une simulation d'un modèle qui est lui-même une simulation (Manzor-Coats : 1994 : xx). Comme le souligne Judith Butler : « [...] *Gender is a kind of imitation for which there is no original* ; in fact, it is a kind of imitation that produces the very notion of the original as an *effect* and consequence of the imitation itself[4]. » (Butler : 1997 : 306) C'est à la lumière d'une telle construction de la performance des genres que la conception de l'homosexualité doit être comprise dans les sociétés latino-américaines. L'homosexuel y est celui qui ne se conforme pas à une telle construction. Ainsi, dans ces sociétés, la catégorie homosexuelle ne renvoie pas nécessairement à un individu engagé dans des pratiques érotiques avec quelqu'un du même sexe. Un individu ne sera considéré comme un *maricon* ou *marica*, c'est-à-dire une folle, que s'il assume les rôles sexuel et social du passif, du faible, que s'il adopte la position ou le rôle de la femme (Manzor-Coats : 1994 : xxi) comme le souligne D.W. Foster :

> [...] some of the most diverse societies in Latin America offer examples of the macho who makes it with both men and women without ever yielding an iota of his masculin persona. The figure of the maricón (the fag or the queer in the most stereotypic terms) is reserved exclusively for the insertee [...] thus Latin American culture may define homosexuality in two ways : either in the terms of the Euro-American medico-criminal discourse, [...] or, more paradigmatically in terms of a distinction between the insertor who never loses his alignment with establishment masculinity, and the insertee, to whom alone a deviant sexual persona is attributed. (Foster : 1995 : 426)

Aussi, l'inscription de l'identité homosexuelle dans *Avant la nuit* ne peut être vraiment comparée à la notion d'homosexualité telle que comprise et véhiculée par le mouvement gai d'après Stonewall, puisque celui-ci pose l'homosexualité comme une sensibilité plutôt qu'une iden-

---

[4] Les italiques sont de Judith Butler.

tité, refusant par le fait même la marginalisation ou le jugement moral porté sous le couvert de la déviance génétique, de la maladie mentale ou de la criminalité.

Arenas affiche son homosexualité. En effet, dans *Avant la nuit*, il prend plutôt plaisir à étaler sa voracité sexuelle, à y confronter son lecteur, sans égard pour l'homophobie de son lectorat hispanique, dans le récit franc, voire cru, de ses escapades sexuelles et la représentation de ses obsessions. Il n'a aucune réserve à affirmer sa préférence pour les hétérosexuels machos, ou encore à refuser la monogamie dans un monde macho. Par ailleurs, en prison, il refusera toute relation sexuelle.

> Ce n'était pas pareil de faire l'amour avec une personne libre que de le faire avec un corps réduit en esclavage derrière une grille et qui, peut-être, vous choisissait comme objet sexuel faute d'avoir rien de mieux à se mettre sous la dent, ou simplement parce qu'il se mourait d'ennui [...]. En prison tout est manifeste et mesquin ; le système carcéral lui-même pousse le prisonnier à se sentir comme un animal et toute activité sexuelle y est humiliante. (Arenas : 1992 : 264-265)

Fort de son homoérotisme, Arenas se retranche derrière l'identité sexuelle que lui confère le régime en place. Elle se transforme chez lui en valeur idéologique, l'expression même de ses revendications à la liberté individuelle. *Avant la nuit* se veut à la fois défi et subversion de tout système de pouvoir se posant comme autorité absolue, et ce, jusqu'au carnavalesque.

C'est d'ailleurs au nom de la différence, de sa différence, qu'il se distanciera de la communauté gaie nord-américaine, allant même jusqu'à la critiquer. « Plus tard en exil, j'ai découvert que les relations sexuelles peuvent être désagréables et frustrantes. On y a divisé le monde homosexuel en catégories bien compartimentées [...]. C'est pourquoi le monde homo aujourd'hui est plutôt sinistre et affligeant : on y trouve rarement ce que l'on désire. » (Arenas : 1992 : 170-172) Aux catégories assimilantes et axées sur un rapport égalitaire entre homosexuels, Arenas oppose ses propres catégories.

> Vu les différences si grandes entre les homosexuels je les avais classés en diverses catégories. Tout d'abord, la folle à l'anneau ; c'était le genre d'homosexuel à scandale [...]. Le système l'avait pourvu [...] d'un anneau qu'il portait au cou en permanence ; la police l'attrapait avec un espèce de crochet et il était ainsi traîné dans les camps de travaux forcés [...]. Après [...] venait la folle ordinaire. À Cuba, c'est le genre d'homosexuel qui a passé un arrangement, fréquente la Cinémathèque [...] ne prend jamais de risques excessifs [...]. Après [...] vient la folle déguisée [...]. Elles [sic] se mariaient, avaient des enfants ; ce qui ne les empêchait [sic] pas de fréquenter clandestinement les toilettes publiques, avec au doigt l'anneau nuptial [...]. Il était parfois mal aisé

> de reconnaître la folle déguisée ; elle-même condamnait souvent les homosexuels [...]. Venait enfin la folle de la haute : une exclusivité des pays communistes [...] celle qui en raison des liens très directs avec le Chef suprême [...] jouit du privilège de s'afficher comme folle [...]. (Arenas : 1992 : 132-133)

C'est que, pour Arenas, la différence importe. À ses yeux, la différence est essentielle à la beauté de l'érotisme : « La beauté des relations d'autrefois était que nous trouvions nos contraires [...]. Dans toute relation sexuelle, l'idéal est la recherche de son contraire. » (Arenas : 1992 : 170-172) De fait, dans *Avant la nuit*, Arenas ne refuse pas les paradigmes actif/passif, normalité/perversité, mais les met plutôt au défi de rendre compte de la diversité et de la dynamique complexe des rôles et des performances érotiques.

Nicole Brossard[5] s'insère dans un contexte bien différent de celui de Reinaldo Arenas, bien qu'elle lui soit contemporaine. Québécoise et urbaine, elle participe à l'avènement de la modernité au Québec alors qu'elle s'implique dans les mouvements littéraires d'avant-garde qui ont renouvelé la poésie québécoise à la fin des années 60. Or, l'avènement de la modernité au Québec est marqué par la remise en cause d'une tradition axée sur la survie nationale jusque-là garantie par la famille et la clôture, de même qu'une démocratisation de l'enseignement, qui, entre autres, donnait aux filles l'accès au savoir, au discours des maîtres.

> L'époque était excitante, stimulante, écrit-elle, de nouveaux auteur/es publiaient des romans dans lesquels soufflait un vent de folie, de révolte et d'audace [...]. Les subjectivités se frayaient tant bien que mal un chemin entre l'imaginaire québécois, la littérature française et un vécu nord-américain. C'est alors que surgirent les monstres sacrés qui alimentent passion, identité, et imaginaire : la sexualité et la langue. L'expression de la sexualité, plus précisément de l'hétérosexualité, qui dans toute littérature va de soi, [...] prit souvent une forme et donna lieu [...] à plus de misogynie qu'à d'extases. (Brossard : 1998 : 64, 66)

À prime abord, Brossard refuse le handicap du corps féminin inhérent à la vision androcentrique. Aussi se propose-t-elle de conquérir la différence (Brossard : 1988 : 48) et de la valoriser tout en dénonçant son occultation et son travestissement. Chez Brossard, la conquête de la différence passe par l'écriture, une écriture qui vise, à

---

[5] Cette partie du texte est une version revue et corrigée d'une communication donnée à Ottawa en octobre 2000 et publiée sous le titre «La lesbienne selon Simone de Beauvoir et Nicole Brossard : Identité ou figure convergente?» dans *Une relecture en trois temps du Deuxième sexe : 1949-1977*, Montréal, Remue-Ménage, 2001, p.100-109.

l'instar de celle d'Arenas, à déranger l'ordre social établi en politisant le privé parce que, pour elle, « [c]'est dans l'écriture que tout arrive » (Brossard : 1998 : 126). Il s'agit, écrit Brossard, « d'une écriture de dérive de la symbolique patriarcale à la limite du réel et du fictif, entre ce qui paraît possible à dire, à écrire, mais qui s'avère souvent au moment de l'écrire, impensable... inavouable » (Brossard : 1985 : 53). « [...] elle avait pris conscience de la marginalité dans laquelle le féminin était confiné, resterait confiné tant et aussi longtemps qu'une seconde marginalité, conséquence d'une prise de conscience de la première ne l'en libérerait [...]. Sans cette double marginalité, il n'y avait rien à raconter qui fasse la *différence*[6]. » (Brossard, 1998 : 36) Une écriture lesbienne où le « je » écrivant parle du désir des femmes plutôt que de son désir (Brossard : 1985 : 45) et qui se situant hors des institutions androcentriques, ne compose pas avec elles, ne revendique pas le pouvoir et qui, surtout, ne vise pas à reproduire ce qu'elle tente de renverser (Dupré : 1988 : 14).

« C'est le combat. Le livre » (Brossard : 1988 : 14). L'exergue de *L'Amèr* contient déjà en 1977, toute la démarche radicale et scripturaire de Nicole Brossard. La phrase liminaire du même ouvrage : « J'ai tué le ventre », reprise, élargie et soulignée dans le texte, quelques pages plus loin « *J'ai tué le ventre et je l'écris* » (Brossard : 1988 : 27) annonce son projet. Brossard refuse un corps féminin fragmenté, occulté, avili par la tradition judéo-chrétienne et réduit à sa fonction patriarcale de reproduction. À sa place, elle présente une nouvelle femme « civilisée » (Brossard : 1988 : 90) grâce à son corps, ses sens et libérée de sa fonction biologique. « On a l'imagination de son siècle, de sa culture, de sa génération, d'une classe sociale, d'une décade, de ses lectures mais on a surtout l'imagination de son corps et de son sexe qui l'habite. » (Brossard : 1985 : 60) Aussi dans ce premier texte ouvertement féministe et lesbien, la narratrice nous parle-t-elle de ses seins, de sa cyprine, de ses poils, de ses menstruations, dans une véritable mise en avant du corps féminin qui entraîne la levée des tabous entourant le corps de la femme (Dorez : 1988 : 150). Cette femme qui traverse ainsi l'histoire comme sujet, sans relever sa jupe (Brossard : 1976 : 74) se cristallise dans la figure radicale de l'Amazone, figure mythique en marge de l'ordre androcentrique et qui, avec celle de la sorcière, sont les seules, selon Brossard, à ne pas avoir été inventées par l'homme (Brossard : 1985 : 134).

Dans *L'Amèr*, cette femme nouvelle effectue son entrée à partir d'une théorie/fiction qui reconceptualise la maternité en remplaçant le corps unique de la « fille patriarcale » par le corps multiple de la « fille-mère lesbienne » (Brossard : 1988 : 44). Donnée fondamentale de la théorie brossardienne, la famille féminine se pose en contrepartie à la famille archétypale chrétienne, Marie la vierge-mère, Joseph le conjoint

---

[6]Les italiques sont de Nicole Brossard.

émasculé et le fils qui provient de, tout en étant à la fois le père-Dieu. Cette famille autre où le « je » énonciateur devient diffus pour coïncider avec l'autre femme (Dupré : 1988 : 8) où le singulier appelle le pluriel, où le privé de la condition des mères devient politique, reprend et actualise la célèbre formule : « Je me révolte donc nous sommes » (Camus : 1948 : 31) qui devient sous sa plume : « Je parle au je pour assurer la permanence du nous » (Brossard : 1985 : 97). S'effectue ainsi une véritable traversée du miroir androcentrique. Chez Brossard, la traversée du miroir permet de rejoindre l'autre femme et de coïncider avec elle. « Je suis, sortant par mon ouverture, de l'autre côté [...] Je ne me mire pas dans une autre femme ; je traverse une autre dimension. » (Brossard : 1985 : 40) Elle permet la mise en place de la figure de la lesbienne, « l'essentielle », qui se situe au coeur de la pensée brossardienne, figure qu'elle ne cessera d'élaborer et de moduler depuis la parution de l'*Amèr* en 1977.

La figure lesbienne chez Brossard est une figure d'écriture complexe, polyvalente et polysémique (Dupré : 1988 : 11). Figure politique, elle s'inscrit au coeur du projet féministe brossardien, celui de redonner à la femme l'émotion et le désir envers l'autre femme dérobés par l'idéologie patriarcale. Dans ce sens, la figure lesbienne rejoint celle de l'Amazone, la militante, celle qui résiste au patriarcat et ce faisant, se coupe de celui-ci pour prendre une dimension allégorique et devenir une figure déréalisée, point de départ d'un imaginaire au féminin. À titre d'initiatrice et d'incitatrice la figure lesbienne permet l'évacuation, par les mots, d'une réalité, celle de l'œil, de l'androcentrisme qui réduit la réalité des femmes à une fiction, un fait divers telles la maternité, la prostitution, la violence subie (Brossard : 1985 : 53), qui réduit aussi le corps écrivant au neutre-masculin (Brossard : 1985 : 51). Elle se présente, pour reprendre l'expression de Louise Dupré, comme « l'abstraction d'un corps figuré en dehors de tout réalisme » (Dupré : 1988 : 11), un corps de femme en mouvement, un corps de femme désexualisé au sens androcentrique du terme mais fortement érotisé, soit chargé de désirs et de jouissance au sens féminin du terme. Corps inavouable, et corps irreprésentable puisqu'inscrit plutôt que représenté mais qui, dans son rapprochement à d'autres corps de femmes traverse « les dimensions inédites qui le rendent à sa réalité » (Brossard : 1985 : 96). « L'origine n'est pas la mère mais le sens que je donne aux mots et à l'origine je suis une femme. » (Brossard : 1985 : 97)

Une telle traversée permet d'accéder, par la géométrie de la spirale, à des espaces inédits, favorisant de nouvelles perceptions (Dupré : 1988 : 11), « une nouvelle configuration propre à infléchir le sens commun » et à mettre en place les jalons d'un territoire imaginaire qui préfigurerait une culture au féminin, une culture positive, motivante et excitante, où « exciter » est pris au sens de mettre en mouvement (Brossard : 1985 : 96).

La figure lesbienne nous renvoie donc à une question de sens, sens considéré comme « direction vers », trajectoire à suivre mais aussi comme signification, puisque dans la pensée brossardienne, le mot « lesbienne » prend un relief qu'il n'a jamais eu dans la langue courante, circulant comme il le fait entre le signifiant et le signifié entre le référentiel, le désir, la pensée et l'écriture (Parker : 1998 : 50). Aussi la figure lesbienne imprime-t-elle au langage une autre dimension : « la logique binaire androcentrique est délaissée au profit d'une logique tridimensionnelle » (Dupré : 1988 : 11) rassemblant la partie et le tout, le fragment et la totalité, ce qui se résume chez Brossard dans la forme holographique à l'œuvre dans *Le Désert mauve* (1985), *Elle serait la première phrase de mon premier roman* (1998) et *Baroque d'aube* (1995). Avec la figure lesbienne, l'écriture brossardienne se transforme en exploration autour de certains concepts tels que ceux de la réalité, de la fiction, de la différence, de la mère, etc., exploration qui vise à faire renaître des mots une énergie nouvelle, une énergie qui crée une brèche dans la symbolique patriarcale afin de réduire « l'écart entre la fiction et la théorie pour gruger le champ idéologique » (Brossard : 1985 : 103). Ainsi, comme le mentionne Alice Parker, dans l'œuvre brossardienne, le mot « lesbienne » ne renvoie pas à qui est Nicole Brossard la poète féministe ou encore où elle se situe, mais il traduit plutôt une qualité d'émotion et de désir des femmes et entre celles-ci définie en termes de différence par rapport à une norme prescriptive qui réglemente nos relations sociales (Parker : 1998 : 3) ou encore comme le dit Brossard, la figure lesbienne renvoie à une posture qui permet de faire sens collectivement (Brossard : 1985 : 98).

Poète avant tout, Brossard met en oeuvre, sur le plan de l'écriture, une femme déjà impensable, inavouable, une figure lesbienne polyvalente et polysémique sujette à une lecture multiple, d'où sa complexité. D'une part, la lesbienne de Brossard se réclame d'un féminisme radical à partir d'un corps spécifiquement féminin revalorisé dans sa différence. Or le corps/écrivant lesbien de Brossard se pose comme lieu autre de connaissance et partant, échappe au biologisme et au sociologisme. Par ailleurs, la figure lesbienne de Brossard peut aussi être lue comme une figure utopique, laquelle à l'heure d'un pragmatisme englobant et du discours unique se voit discréditée et refoulée dans le domaine de l'illusion et de l'irréalisable. Or, est-il besoin de le rappeler, l'utopie est à la fois la construction d'une société idéale et la critique d'un présent aliénant et insoutenable. L'utopie lesbienne de Brossard, mirage ou non, a le grand mérite de nous extirper d'une mémoire gynécologique douloureuse. Elle propose, en contrepartie, une figure de femme positive, envoûtante et valorisante. Aussi, la lesbienne de Brossard se pose-t-elle comme figure rassembleuse offrant une prise sur la symbolique patriarcale véhiculée par la communication et la connaissance, là où se situe notre domination première. Aussi explique-t-elle et justifie-t-elle tout à la fois, la célèbre signature : « Écrire je suis une femme est plein de conséquences. » (Brossard : 1988 : 53)

Nicole Brossard et Reinaldo Arenas se rejoignent en ce que tous les deux politisent leur différence, leur marginalité par le biais de leur écriture. Toutefois, contrairement à Nicole Brossard qui, par sa figure lesbienne, propose un idéal rassembleur à toutes les femmes, Arenas milite pour la liberté individuelle, la sienne. Il s'insurge contre tout pouvoir s'imposant comme seule autorité, seule vérité possible, et qui gruge les droits individuels à la libre expression tant sur le plan politique que sur le plan du comportement sexuel. C'est que le contexte socio-politique de ces deux écrivains diffère. Arenas évolue dans un contexte répressif qui valorise le collectif au nom d'une société idéale à réaliser. Brossard, elle, agit et écrit à un moment où les rapports de force établis par une structure socio-politique, préoccupée par le contrôle, la vérité unique, sont sérieusement remis en cause. À la faveur d'une telle remise en cause, elle peut proposer un discours parallèle qui tout en déconstruisant, reconstruit hors d'un centre rigidement établi tandis qu'Arenas, refoulé dans sa différence, se voit forcé de s'y cantonner.

Bibliographie

Arenas, Reinaldo, *Avant la nuit,* Paris, Julliard, 1992. Traduction française de *Antes que anochezca,* Lilliane Hasson (trad.).

Bergman, David, « Camp », *Gay and Lesbian Literary Heritage,* New York, Henry Holt and Co., 1995.

Brossard, Nicole, « L'écrivain », L. Guilbault *et alii, La nef des sorcières,* Montréal, Quinze, 1976.

Id., La lettre aérienne, Montréal, Remue-ménage, 1985.

Id., L'Amèr ou le chapitre effrité, Montréal, L'Hexagone, coll. Typo, 1988.

Id., Elle serait la première phrase de mon prochain roman. She would be the first sentence of my next novel, Toronto, Mercury Press, 1998.

Butler, Judith, « Imitation and Gender Insubordination », *The Second Wave,* Linda Nicholson (Ed.), New York, Routledge, 1997.

Camus, Albert, *L'homme révolté,* Paris, Gallimard, 1948.

Dorez, Aurelia, « Nicole Brossard : Trajectoire », mémoire de maîtrise, Département de Lettres Modernes, Université d'Artois, 1988.

Dupré, Louise, « Du propre au figuré », Préface à Nicole Brossard, *L'Amèr ou le chapitre effrité,* Montréal, L'Hexagone, coll. Typo, 1988.

Foster, David William, « Latin American Literature », *Gay and Lesbian Literary Heritage,* New York, Henry Holt and Co, 1995.

Fuss, Diana, « Inside/Out », *Inside/Out, Lesbian Theories, Gay Theories,* Diana Fuss (ed.), New York, Routledge, 1991.

Lejeune, Philippe, *L'autobiographie en France*, Paris, Colin, 1998.

Manzor-Coats, Lillian, « *Introduction* », *Latin American Writers on Gay and Lesbian Themes A Bio-cultural Sourcebook*, Westport, Ct. Greenwood Press, 1994.

Molloy, Sylvia, *At Face Value : Autobiographical writting in Spanish* America, Cambridge, Cambridge University Press, 1991.

Parker, Alice A., *Liminal Visions of Nicole Brossard*, New York, Peter Lang, coll. « Francophone Cultures and Literature », 1998.

Smith, Paul Julian, *The Body Hispanic : Gender and Sexuality in Spanish and Spanish American Literature*, Oxford, Clarendon, 1989.

Soto, Francisco, *Reinaldo Arenas*, New York, Twayne Publishers, 1998.

David Plante. L'espace continental comme territoire de l'identité

Claudine Cyr
Groupe interdisciplinaire de recherche sur les Amériques, INRS, Montréal

L'Amérique est un territoire, mais elle est aussi un espace symbolique. Un espace habité d'histoires, d'individus, d'expériences au monde et de significations particulières. Dans le contexte actuel d'une imminente intégration continentale et d'intenses échanges économiques entre les pays de l'ALÉNA (Accord de libre échange nord-américain), l'un des enjeux qui s'imposent est celui de comprendre et de définir de quoi se compose l'espace culturel nord-américain. Non seulement les marchandises et les devises circulent-elles à travers le territoire, mais ce sont des idées, des expériences personnelles, des individus et des visions particulières du continent qui circulent aussi, qui s'entrechoquent, se rencontrent, se transforment. À ce titre, on peut affirmer qu'une partie importante de cet espace culturel, à savoir les possibilités de transformations des identités culturelles et leurs complexes réalités historiques et géographiques, trouvent écho, et se construisent en même temps, dans de nombreuses expressions artistiques et littéraires nord-américaines.

La question des transformations des identités culturelles se pose tout d'abord en termes d'expérience nord-américaine prise comme un ensemble d'expériences socio-historiques diverses participant de façon permanente à la création d'un espace ou d'un lieu signifiant. C'est dans ce mouvement, où quantité d'expériences particulières se rencontrent et « dialoguent », que se forment et se transforment les identités culturelles. Ainsi, au-delà d'une simple hétérogénéité, ce sont des espaces de rencontre, des zones de conflits et des points de convergence qui surgissent de cette expérience continentale du territoire. La nord américanité comme caractéristique de l'identité ne peut donc pas être saisie comme étant statique et figée dans un espace-temps précis, étant donnée l'essence même de ce qu'elle est : une représentation ou une image de soi en mouvement qui nourrit une réalité empirique n'existant que par son ombre *cinématique*. Dans l'analyse qui suit, nous nous attarderons à la *représentation littéraire* d'une identité nord-américaine en *mouvement* au cœur du territoire.

Dans une œuvre comme celle de l'écrivain franco-américain David Plante qui projette sa vision particulière du territoire et de la réalité franco-américaine dans un récit fictif, il est possible de retrouver l'expression d'une expérience continentale nord-américaine originale. Dans les mots mêmes de ce dernier, on comprend la pertinence de s'attarder au genre romanesque afin de saisir les processus de construction et transformation identitaires qui sont constitutifs de ce que l'on nommera la nord-américanité :

> En essayant de deviner les origines de mon imagination comme romancier, j'invente. J'invente une conscience qui a évolué dans les grandes forêts de l'Amérique du Nord, une conscience aussi indienne que française, une conscience qui n'existe qu'en Amérique du Nord et, particulièrement, que parmi les descendants des Indiens et des colons français. Elle existe, cette conscience, comme un oiseau étrange qui n'existe pas ailleurs, mais seulement là — ou peut-être ici — dans ce lieu étrange[1].

Ces origines que Plante imagine et découvre sont celles d'une culture franco-américaine, celles des *Canucks*, ces Canadiens-français immigrés aux États-Unis il y a un peu plus d'un siècle. À la lumière de cette démarche expliquée précédemment par Plante, la lecture de son œuvre permettra de comprendre comment la formation et la transformation des identités à l'échelle du continent retournent beaucoup moins de frontières économiques évanescentes que d'un récit « nord-américain ». Elle démontrera aussi comment une quête identitaire individuelle exprimée dans le récit de personnages fictifs suscite à la fois mémoire, histoire et projection imaginaire dans l'avenir de la nord-américanité.

Qui dit territoire et mouvement, dit aussi frontières et traversée des frontières. Dans la perspective de la nord-américanité, la « traversée des frontières » s'avère être une notion centrale d'une part parce qu'elle est aux origines de la naissance de l'Amérique, et d'autre part parce qu'elle signifie plus que la simple mise en scène d'une traversée géographique de frontières nationales. Bien sûr, cette dernière est primordiale, mais le contexte de la rencontre qu'elle permet est d'autant plus important puisqu'il est représentatif d'une traversée des frontières en termes d'une quête de « soi ». Suivant la théorie de George Herbert Mead, l'identité ou le « soi » est en constante constitution parce que le dialogue se trouve à la base de l'identité et de la conscience qu'a un individu de lui-même. Dans cette perspective, la frontière est l'espace de la mise en jeu, de la remise en question du « soi » au contact de l'autre et avec l'entrée en « dialogue » avec l'Autre, compris comme un ensemble de

---

[1]David Plante, *Nous sommes un peuple étrange*, 1997, p. 131

valeurs et de références différent de celui qui avait formé le « soi » jusqu'à maintenant. Ainsi, la traversée permet de rendre compte d'une rencontre entre l'identité et l'altérité, et la frontière, elle, peut désigner ce qui existe entre « moi » et les « autres », et entre « moi » et l'« Autre » pris en tant que référence symbolique de l'identité.

La traversée des frontières prend, dans l'œuvre de Plante, une importance particulièrement cruciale. En exposant la quête identitaire de son personnage principal, nous verrons comment celle-ci ne peut s'effectuer que dans l'exploration et la quête de différents territoires et donc par la traversée de frontières qui, de territoires en territoires, représente autant la distance et la proximité du personnage face à une identité qu'il cherche à fixer. En fait, chaque changement de territoire représente une possibilité de transformation de l'identité du personnage. Ce déplacement dans le territoire nord-américain s'avère alors un voyage au cœur d'espaces symboliques qui seront pour le personnage autant de nouvelles références ou d'altérités avec lesquelles son identité devra se confronter et « dialoguer ».

Nous tenterons ici de voir si la quête du personnage lui permet de réconcilier ou non son identité avec un territoire particulier ou si cette quête retourne plutôt de l'errance et exprimerait alors une identité nord-américaine en formation. Nous aborderons une partie de l'œuvre de David Plante, sa trilogie de la famille Francoeur, précisément les romans *The Family*, *The Country*, et *The Woods*, publiés entre 1979 et 1982. Il faut préciser que, bien qu'il soit d'origine franco-américaine, David Plante a écrit tous ses romans en anglais. Lorsque ses personnages communiquent en français, quelquefois l'auteur le signale simplement et à d'autres moments l'écrit directement en français. On peut noter que plus le récit avance dans le temps et moins le français est utilisé, du moins de façon spontanée. Ajoutons aussi que le récit de la famille Francoeur ne suit pas un sens purement chronologique mais se lit plutôt comme la carte d'un territoire identitaire « trilogique ». Ainsi, *The Family* est le début du « récit identitaire » et *The Country* en est l'aboutissement (quoiqu'il ne pose pas la quête comme totalement terminée) et *The Woods* nous montre le voyage parcouru entre ce début et cet aboutissement.

La traversée des frontières prend deux formes dans l'identité du personnage de Daniel. Tout d'abord il est clair que, pour cette famille franco-américaine du Rhode Island, une première traversée a déjà été effectuée. Elle fait partie de l'histoire familiale par l'immigration de ses ancêtres aux États-Unis. Elle n'a pas été un choix pour le personnage, ni une expérience concrète. Cette première traversée des frontières ne lui appartient pas en quelque sorte, mais la rencontre de l'Autre qu'elle a provoquée n'en demeure pas moins une partie intégrante de son existence. Elle est déjà constituante de son identité qu'il tentera de mieux saisir à travers une seconde traversée qui prendra forme dans une quête intérieure le menant à l'extérieur de son territoire familial et éventuellement à l'extérieur du continent américain. Bref, ces frontières sans cesse traversées et explorées lui permettront de rencontrer les autres qui habitent ces divers territoires, et aussi l'Autre (l'ensemble des attitudes intégrées par le groupe social auquel peut se référer l'individu), auquel il confrontera sans cesse son identité en formation. Cette altérité ou référence symbolique identitaire prendra diverses formes qui, elles, s'accumuleront, prendront une importance variable selon les territoires, et qui se chevaucheront toutes, sans qu'aucune ne disparaisse vraiment au profit d'une autre.

THE FAMILY : le monde clos du territoire familial

Jim et Reena Francoeur sont établis depuis leur mariage en 1923 dans la paroisse de Notre-Dame de Lourdes, à Providence au Rhode Island. Ils ont sept fils. Daniel, né en 1940, est leur sixième fils. Dans ce premier tome de la trilogie qui se déroule au milieu des années 1950, Plante met en scène l'histoire d'une famille ouvrière de *Canucks*. Même si le personnage-clé de la trilogie est Daniel, on peut dire que dans ce roman, la famille acquiert presque le rôle de personnage principal. Mais pour être plus précis, on devrait dire « personnage central » en ce sens que la famille constitue le centre de l'univers, un monde en soi, pour Daniel. Par exemple, le temps qui s'écoule n'est précisé généralement que par le départ et le retour des enfants de la maison familiale (l'entrée au collège, les vacances scolaires ou le service militaire des fils plus âgés). Et si l'histoire qui se déroule sur quatre ans débute en 1954, c'est probablement parce que c'est à ce moment et durant cette période que Daniel, alors âgé de 14 ans, commence à avoir une conscience aiguë de son identité.

On entre donc dans l'univers des Francoeur par le récit d'événements quotidiens, comme celui où le père brise les piquets de grève de son usine, devient « foreman » et se fait congédier par la suite, ou bien celui où le père, toujours, tente sans succès de se faire élire comme Républicain aux élections régionales. C'est par ce type d'événements que s'exprime le monde clos et séparé de la famille. Quand le père se présente comme candidat aux élections, c'est parce qu'il estime qu'il doit y avoir quelqu'un comme lui au Parti, c'est-à-dire quelqu'un qui peut voir de l'*extérieur*. Et sa femme renchérit sur cette différence qui les sépare du reste des Américains en admettant qu'il n'est utilisé par les Républicains que pour obtenir le vote des Canadiens-français et qu'au fond il n'est pour eux qu'une « strange exception »[2]. Les autres événe-

---
[2] David Plante, *The Family*, 1979, p. 201

ments qui deviennent significatifs pour la compréhension de cet univers clos dont Daniel décidera éventuellement de se détacher sont l'entrée dans la Marine américaine d'Albert, le fils aîné, le mariage d'un autre fils, Philip avec une Texane protestante, l'achat d'un chalet sur les bords d'un lac de la région, et les visites dominicales chez la grand-mère paternelle aux nébuleuses origines indiennes et qui ne connaît de l'anglais que l'expression « by and by ». Bref, ce territoire clos est délimité par des frontières sociales, religieuses, linguistiques et même ethniques.

Pour Daniel, bien qu'il ait toujours partagé les préoccupations familiales et qu'il n'ait agit jusque-là que comme un membre consolidateur de l'univers familial, il voit naître en lui des peurs et des convictions d'une nature tout à fait nouvelle. En fait, avec l'adolescence, émerge un désir de briser cette symbiose identitaire. Ce désir se traduit, comme dans la relation de l'adolescent avec ses parents, par un rejet de l'autorité à laquelle il est présentement soumis, à savoir cette matrice, ce territoire familial catholique-français avec lequel il se trouve en totale identification. C'est cet intense besoin de séparation d'un monde privé et refermé sur lui-même que le narrateur réussit à très bien nous montrer à travers une des nombreuses réflexions qui commencent à hanter Daniel :

> French was a private language, the language of his religion. English was the public language in which he would have to work, and religion and work, like Church and State, were separate. No one in the English State, for which he would have to work, for which he would have to fight wars, would care what he felt in French[3].

Cette réflexion qui expose le lien indéniable entre religion et langue nous montre aussi que la première étape de la quête identitaire de Daniel consiste en une prise de conscience de la séparation qui existe entre son monde et le reste du monde et que c'est à partir de cette réalité maintenant mise à jour qu'il sent, lui, la nécessité d'établir une distance avec le monde de la famille. Il cherchera donc partout la porte de sortie de ce monde qui ne se trouvera qu'au prix d'un conflit intérieur permanent : à la messe, après la communion, au lien de concentrer ses pensées sur l'œuvre de Dieu, il pense aux Indiens, aux surnoms que ceux-ci se donnent et au pouvoir qu'ils ont de se transformer et de devenir ce que leurs totems représentent. Dans la même perspective, lorsque la famille est en route pour s'installer dans leur nouveau chalet, Daniel sent qu'ils sont tous alors « ...*immigrants on their way to another country*[4] ».

---

[3] *Ibid.*, p. 202
[4] *Ibid.*, p. 162

C'est lors d'un voyage familial à Boston, pour aller rendre visite à son frère Philip qui est au Collège, que l'on comprend mieux le conflit intérieur qui émerge chez Daniel. Il sent alors qu'il ne pourra faire autrement que de s'ouvrir sur ce monde qui n'a jamais encore été le sien. Et pour ce faire, il devra devenir un étranger, étranger à son monde, comme tous ces autres étrangers qu'ils voient à Boston. Ce qu'il pense lors de ce voyage confirme l'existence de cette pulsion qui l'habite :

> He thought, his mind constantly pulsing with ideas he half understood: it's only for the foreigners that everything is possible, that everything is promised, it is only the foreigners who can have everything. He wanted more than ever to be foreign, wanted his family to be foreign, foreign to la paroisse de Notre Dame de Lourdes à Providence, Rhode Island[5].

THE WOODS : Étranger de l'intérieur

C'est à la lumière de ce déchirement et de la résolution de Daniel d'effectuer une première traversée des frontières que s'ouvre le roman *The Woods*. Nous sommes en 1958, Daniel a donc dix-huit ans. Il est entré au Collège à Boston, comme son frère Philip l'avait fait avant lui. C'est avec son entrée au collège qu'il concrétise la séparation qu'il souhaitait faire avec l'univers de la famille. Ce sera le premier pas de son « voyage » identitaire qu'il ne pourra que considérer comme un péché : « He was, kneeling, thinking about his sins, and his greatest sin was : he did not want to do anything he knew he must do[6]. » Par cette vision qu'il a de son choix, on comprend rapidement son obsession à ne pas perdre complètement ses racines.

Le désir de vivre dans un monde qui soit véritablement le sien n'est pas assouvi, bien au contraire. Tout d'abord, sa projection vers « l'extérieur » le ramène à ses origines qui, comme il commencera à le découvrir, sont plus profondes et plus lointaines que la seule religion catholique. Lors des vacances scolaires au chalet familial, il établit un premier contact avec le monde impénétrable de la forêt dont il ne peut connaître les limites et la nature exacte ; forêt qu'il sent habitée mais avec laquelle il n'osera pas provoquer de véritable rencontre pour le moment. Cependant, aussi infime soit-il, le contact a été établi et la forêt l'habitera dorénavant à son tour.

C'est aussi pendant ces retours en « territoire familial » que Daniel prend conscience des frontières, du nouveau monde où il est main-

---

[5] *Ibid.*, p.131
[6] David Plante, *The Woods*, 1982, p. 28

tenant un citoyen comme les autres, c'est-à-dire le monde états-unien ou le territoire national américain. Ce sont les rencontres avec son frère Albert, le soldat des *Marines*, qui lui feront découvrir ces nouvelles frontières. À la différence de Daniel, Albert a en effet réussi à concilier son identité avec les deux références symboliques qui se trouvaient en conflit en tant que Franco-américain, c'est-à-dire la référence franco-catholique et la référence nationale étatsunienne. Il le fait par le biais du projet de l'armée américaine de combattre le communisme, ennemi juré des États-Unis et ennemi de Dieu. En d'autres mots, c'est en devenant un « hard-liner roman catholic American » qu'il concilie son identité en territoire américain car pour lui, « God's will is the will of our country, and I'll fight, my God I'll fight, for the will of God[7] ». Ainsi, cet épisode est pour Daniel la remise en cause d'une possible réconciliation identitaire avec le territoire nord-américain, d'une part parce qu'il considère comme irréconciliable l'aspect profond de son identité canadienne-française avec la vie et les valeurs états-uniennes, et d'autre part parce qu'il se sent incapable de pénétrer la forêt, déjà habitée, qu'il croit pourtant être son « territoire originel ». Se développe alors ce sentiment d'étrangeté et de distance insurmontable face à l'espace nord-américain contenant les références nécessaires à fixer son identité sur un territoire. L'issue du roman est donc posée comme un inévitable déchirement pour Daniel face à son identité qui laisse entendre que la quête de soi n'est pas terminée, au contraire, mais (on le verra grâce au roman *The Country*) qu'elle aboutira éventuellement en Angleterre, sur une fragile identité du personnage.

THE COUNTRY : la découverte des origines

Dans *The Country*, le personnage de Daniel, devenu narrateur, cherche à retrouver ses origines pour mieux saisir la place qu'elles occupent dans son identité. Mais il découvre que celles-ci sont en train de disparaître, de s'effacer, tout comme l'identité du territoire familial et ce, notamment par la mort de son père. Tout se passe vingt-cinq ans plus tard. Daniel est devenu professeur et écrivain et vit à Londres.

À travers les bribes de l'histoire de son père, Jim Francoeur, dont il n'avait jamais réellement entendu parlé auparavant, Daniel prend conscience que, bien que ses origines aient été enfouies au fond de lui comme un douloureux souvenir, elles n'ont pas disparu de sa vie pour autant, bien au contraire. C'est en tentant de comprendre la relation avec son père, le lien qu'il peut avoir avec ses ancêtres paternels, qu'il réussit à retracer ses origines et à les circonscrire dans un espace-temps précis, à savoir celui de l'histoire familiale des Francoeur sur le conti-

---

[7] *Ibid.*, p. 109

nent nord-américain. En questionnant son père sur une possible langue indienne qu'aurait pu parler Mémère Francoeur, il apprend que son arrière-grand-père, surnommé le Grand Coq, avait voyagé à travers toute l'Amérique du Nord, aussi loin qu'en Californie, avant de revenir au Canada, d'épouser Clyche Kirou, une Pied-Noir, et de faire du commerce avec les Indiens. Petit à petit, le lien s'établit et les origines obscures sont mises à jour :

> My father was born, as I was, among the ghosts of a small community of people of strange blood. They were people who saw that they were born in darkness and would die in darkness, and who accepted that. They spoke, in their old French, in whispers, in the churchyard, among the gravestones, in the snow, and with them, silent, were squaws with papooses on their backs, and the woods began beyond the last row of gravestones. They were strange to me, and yet they were not strange[8].

Pour tous ces ancêtres, la forêt, riche et primitive, n'était pas loin. Dans ses réflexions, Daniel fait souvent mention de l'étroite relation entre ses ancêtres canadiens-français et les habitants de la forêt, les Amérindiens. Pour lui, la forêt reflète en quelque sorte la « nature continentale » propre au territoire nord-américain qui a été témoin de la rencontre entre les Autochtones, les Français, les Anglais, puis les Canadiens, les États-uniens, et ainsi de suite, si l'on considère que le territoire nord-américain se caractérise encore par la traversée de frontières et les rencontres de l'Autre que celle-ci permet. C'est donc là, dans les bois qui entoure le chalet familial que Daniel retourne se recueillir après les funérailles, là où il peut sentir la présence de ses ancêtres et celle de son père.

Si elles lui ont toujours semblées obscures et inaccessibles, il comprend que ces origines qu'il avait depuis longtemps senties autour de lui et qu'il se représente par les habitants étranges d'un pays camouflé par la forêt, font aussi partie de lui. Si une partie de ses origines, franco-catholiques, n'existent plus concrètement, une autre partie, celles qui n'ont jamais existé concrètement, sont toujours présentes. Bref, par ce « retour aux sources », il découvre que son pays d'origine n'en est pas tout à fait un, ou du moins, qu'il n'est pas ce qu'il avait toujours cru.

Conclusion

On trouve donc représenté dans ces romans de David Plante, et plus particulièrement au cœur du personnage de Daniel Francoeur, tout d'abord l'« Américain » qui ne peut se sentir tout à fait comme tel, car toute cette partie de lui-même, où l'on retrouve une première rencontre

---

[8] David Plante, *The Country*, 1981, p. 134

avec l'Autre, c'est-à-dire la différence franco-catholique, déjà sédimentée dans ses souvenirs et son histoire familiale, crie son désir de ne pas disparaître. Puis, avec son voyage à l'extérieur du continent américain, où il décidera de s'installer, avec cette autre traversée, cette altérité intérieure cherchera à tout prix une réconciliation avec une identité qu'il croira pouvoir trouver au-delà du monde dans lequel il a toujours vécu et qui restera toujours le sien, d'une manière ou d'une autre, le territoire d'un *Canuck* aux obscures origines « indiennes ».

De plus, quoique cette identité semble s'être actualisée sur un territoire particulier (en territoire britannique), elle ne semble pas s'être fixée pour autant. Le récit de *The Country* nous montre que le personnage de Daniel est prêt à transformer en une véritable rencontre son premier contact qu'il avait fait plus tôt avec la nature continentale de son identité qu'il se représente par les habitants invisibles et ténébreux de la forêt. Si au départ ceux-ci avaient poussé Daniel hors du continent, cette fois, avec le recul, ou plutôt avec le retour, il comprend qu'ils sont pour lui l'image d'une présence autochtone, non-reconnue, en territoire nord-américain et surtout que celle-ci fait aussi partie d'une altérité symbolique sédimentée (quoique bien enfouie) dans son identité franco-américaine.

Le voyage au travers des frontières représenté dans les romans de Plante permet de saisir le mouvement des identités qui est à l'œuvre en Amérique du Nord depuis le début, depuis les premières rencontres entre Européens et Autochtones, en passant par la traversée des frontières des Canadiens-français vers les États-Unis, et jusqu'à la réalité contemporaine des descendants franco-américains de la Nouvelle-Angleterre.

De plus, cette quête identitaire, qui semble parfois retourner de l'errance, met en lumière la formation et la transformation d'une identité nord-américaine qui pourrait être caractérisée non pas tant par l'errance, mais plutôt par le processus permanent de recherche des origines et de projection de soi. Elle pourrait être caractérisée par ce que Éric Waddell a si bien nommé la *mouvance*, c'est-à-dire « ce désir d'aller toujours plus loin, mais aussi le besoin pressant de revenir sur ses pas[9]». Ainsi définie, la mouvance montre le caractère réflexif de l'identité dont parle G.H. Mead, à savoir cette communication constante avec les autres et avec soi-même qui est à la base des transformations de l'identité d'un individu et, par extension, d'un groupe d'individus ou d'une communauté.

Enfin, c'est de ce rapport entre le territoire, le mouvement des représentations et l'identité, et par conséquent des rencontres, des conflits et des transformations identitaires, qu'est faite la nord-américanité

---

[9] Éric Waddell, *Amériques*, p. 256-257

que nous avons brièvement présentée en introduction. Mais, surtout, c'est à travers des récits à la fois réels et imaginaires comme celui de Plante qu'il est possible d'envisager qu'il existe, au-delà d'un espace économique intégré, une histoire et une vision du monde qui se rapportent à l'expérience que font les individus du territoire nord-américain.

Bibliographie

Cuccioletta, Donald, Jean-François Côté et Frédéric Lesemann, *Le grand récit des Amériques. Polyphonie des identités culturelles dans le contexte de la continentalisation*, Sainte-Foy, Les Éditions de l'IQRC, PUL, 2001.

Mead, George Herbert, *Mind, Self and Society*, Chicago, The University of Chicago Press, 1962.

Morisset, Jean et Éric Waddell, *Amériques*, Montréal, L'Hexagone, 2000.

Plante, David, *The Family*, New York, Farrar Strauss Giroux, 1979.

Id., *The Country*, New York, Atheneum, 1981.

Id., *The Woods*, London, Victor Gollancz Ltd., 1982.

Id., *Nous sommes un peuple étrange*, dans Tétu de Lasbade F. (dir.), *Littérature et dialogue interculturel*, Sainte-Foy (Québec), PUL, 1997.

Exclusion sociale et exclusion de l'immigrant en Argentine aux temps de la mondialisation. Leurs traces dans les discours médiatiques[1]

Adriana Rizzo
Universidad Nacional de Río Cuarto, Argentine

Considérations préalables

Parler d'exclusion implique d'aborder la question de l'identité en tant que celle-ci se construit à partir d'une relation différentielle qui institue un « autre » différent de celui qui doit nécessairement être exclu.

Les identités qui construisent les états nationaux modernes sont fondées sur un statut d'universalité lié aux concepts de « civilisation » et de « progrès ». Dans ce cadre, les diverses identités particulières s'incorporent en se fondant dans l'« être national », dans une identité monolithique qui efface les particularités. Ceci se configure à travers un procès d'intégration qui condamne aux marges du silence ou à l'extermination les particularités dissidentes ou non assimilables. Le processus de globalisation, les nouvelles politiques imposées par le marché mondial et l'afflux de personnes à la recherche de meilleures conditions de vie ont comme conséquence une remise en question de la problématique de l'identité.

La construction de l'identité nationale se fissure comme conséquence du rétrécissement du rôle de l'État et de la fragmentation sociale qu'il implique. L'exclusion sociale — résultat du droit inégal aux biens sociaux — favorise une désarticulation identitaire qui est rendue visible dans la prolifération de nouvelles particularités qui effacent l'universalité sur laquelle se fonde l'identité nationale. De plus, les nouvelles frontières internes d'inégalité empêchent l'intégration d'un nouvel immigrant qui, dans ce nouveau contexte, se perd dans une multiplicité de différences qui s'excluent dans les réactions xénophobes.

---

[1] Traduction de María Fernanda Arentsen (Université d'Ottawa).

L'intégration des immigrants

Dans le cadre de la formation de la nation argentine moderne, les élites intellectuelles ont apporté le soutien idéologique qui permettait aux élites politiques d'accomplir le projet d'intégration de l'Argentine au monde capitaliste par la voie d'une évolution vers le progrès. Parmi les idéologues argentins, Alberdi et Sarmiento fournissent des arguments qui soulignent l'importance de suivre les modèles européens (en particulier l'anglais et le français) et aussi celui des États Unis. « Bello, Sarmiento, Bolivar, Alberdi, Juárez représentent le surgissement d'une pensée fondatrice des nationalités et ils observent d'un œil critique le passé colonial. Les penseurs indépendantistes voient le passé colonial sous l'empire espagnol comme la domination d'un empire ennemi de la modernité, son opposé. Pour Sarmiento, l'Espagne représente les forces culturelles mobilisées au Moyen Âge : le pouvoir de la monarchie catholique absolutiste. L'Espagne était antimoderne, une partie « barbare » de l'Europe. La France et l'Angleterre représentaient l'Europe civilisée [...] et les États-Unis, le pays américain à vocation moderne... » (Pérez : 1999 : 201) Avec la présidence de Julio A. Roca commence ce que l'on a appelé la « Génération de 1880 », période clé de la construction de la nation moderne dans le cadre de l'arrivée massive des immigrants[2] et de la présence encore importante des indigènes.

L'intégration de l'immigrant et l'exclusion de l'indigène et du Noir configurent un paradigme sur lequel se construit l'identité nationale. Dans la perspective d'Ernesto Laclau (1996), la relation entre exclusion et identité s'explique par leur rapport avec la problématique de l'universel et du particulier. La construction d'une identité implique l'imposition d'un universel qui n'est qu'un particularisme, parmi tant d'autres, devenu dominant. Ainsi, le particularisme européen a incarné des fonctions universelles pour configurer une identité qui nie cette logique d'incarnation en universalisant son propre particularisme. L'impérialisme européen s'étend en se présentant en termes de fonction universelle civilisatrice et modernisatrice. Dans cette perspective, les résistances ne sont pas conçues comme luttes entre cultures ou identités particulières, mais comme une série de particularismes — assimilés à ce qui est barbare ou sauvage — qui font face à l'universalité européenne (Laclau: 1996). Universel/particulier, inclusion/exclusion sont des concepts interdépendants et de la même façon qu' « aucune particularité ne peut se construire à moins de préserver une référence interne à l'uni-

---

[2] Voilà seulement certaines données indicatives : En Argentine, le recensement de 1895 a donné 25% d'étrangers et 30% celui de 1914. La plupart de cette proportion d'étrangers était composée de ceux qui avaient immigré récemment : plus d'un million entre 1880 et 1890, 900 000 dans la décennie suivante et 1,200,000 entre 1905 et 1910 (Romero : 1991).

versalité comme ce qui est absent » (Laclau : 1996 : 62), la construction d'un contexte d'intégration, d'inclusion, comme l'État-nation, exige son opposé : l'exclusion des identités particulières différentes.

La pensée de l'un des idéologues de la nationalité argentine, José Ingenieros, s'érige comme une narrativité qui éclaire ce processus. Sa perspective est basée sur une conception d'infériorité de la race de couleur. Il s'ensuit que l'exclusion est le geste de l'action qui vise à édifier une nation — qui aspire à jouer un rôle hégémonique en Amérique Latine — autour des classes productrices[3]. En 1918, Ingenieros écrit « L'évolution des idées argentines » et le texte, exemple clair du libéralisme argentin, tente de conjuguer les pensées d'Alberdi et de Sarmiento ainsi que celles d'identification de Rosas au néo-hispanisme colonial, dit clérical, obscurantiste et xénophobe. Dans cet ouvrage, Ingenieros considère Roca comme l'un des présidents argentins les plus illustres. Dans l'optique d'Ingenieros, « la nation se construit comme une machine nécessairement autoritaire qui intègre à condition de ségréguer [...] » (Terán : 1986 : 66). Ainsi, le contexte de l'État national se constitue-t-il à partir de l'exclusion de ce qui est «autre» et différent, et conçu comme une menace. Antagonisme et exclusion sont des éléments constitutifs de toute identité, de sorte qu'elle résulte d'un processus relationnel de différences qui exige l'unification de l'« autre », en diluant ses diverses particularités. Les différences s'instituent comme équivalences échangeables et s'assimilent à ce qui menace. Sous cet angle, l'identité de la minorité qui s'impose est le résultat d'une relation hégémonique (entre l'universel et le particulier) momentanée et qui implique toujours une certaine forme d'exclusion (Laclau : 1996 ; Mouffe : 1998).

Dans la configuration de la nation Argentine, l'intégration de l'immigrant, d'un côté, et la ségrégation et l'anéantissement de l'indigène et du Noir, de l'autre, ont été les techniques fonctionnelles d'une Argentine moderne qui s'imaginait elle-même comme un pays homogène de Blancs conjugués dans un « creuset de races » qui annule, dans un processus d'équivalences, les différences, même celles des immigrants, qui devaient tisser un manteau d'oubli sur leurs propres nationalités pour assumer une identité argentine. Cet endoctrinement pédagogique sur la nationalité se nourrit des récits qui effacent la culture originaire de l'immigrant[4] pour l'assimiler à l'homogénéité de ce qui est local.

---

[3] « Ces élites seront responsables de programmer une nation moderne et d'élaborer une stratégie intégrationniste ou excluant certains noyaux de révoltés qui obscurcissent la fonctionnalité du projet. » (O. Terán, « José Ingenieros o la voluntad de saber », 1986).

[4] L'école remplit le vide symbolique en Argentine au début du XXe siècle qui reçoit quotidiennement des milliers d'immigrants. En 1919, dans les écoles de Buenos Aires, un enfant sur dix était étranger et beaucoup d'Argentins étaient, à leur tour, des enfants d'étrangers (Sarlo : 1998).

Cette « identité de fusion[5] », ainsi appelée par García Canclini (1999), évoque l'expression, si répétée, de « creuset de races » qui cimente la construction d'une identité monolithique, diffusée aussi bien à travers les textes scolaires qu'à travers le théâtre et les lettres. Le « creuset de races » est le résultat de la coexistence, sur le même sol, d'immigrants italiens qui se mêlent aux Espagnols, aux Juifs, aux Russes, aux Arabes et aux gauchos pour former une nationalité (Imbert-Rizzo : 2001).

En Argentine, comme dans d'autres pays de l'Amérique Latine, la conformation des états nationaux est une entreprise qui se construit par des stratégies d'intégration politico-militaires, par des narrativités qui légitiment (Lyotard : 1976) et par l'éducation publique (Sarlo: 1998). La conquête du désert dans la lutte contre l'Indien n'est qu'un exemple de la prouesse nationale d'inclusion et d'homogénéisation aux dépends de l'exclusion — anéantissement de l'indigène. L'esprit homogénéisateur de l'État-nation exploite le besoin des individus de sentir « qu'on fait partie de » comme une façon d'accomplir le besoin humain de s'intégrer à un groupe (Lins Ribeiro : 1997). Vu sous cet angle, il faut se différencier d'un autre qui « fait partie » d'un autre groupe, d'une autre nation, d'une autre race ou d'une autre culture (voir Rizzo : 2001). En effet, d'après Beatriz Sarlo (1999), le caractère national argentin a été bâti sur un système économique, politique et militaire compact, dans lequel les indigènes ont été quasiment exterminés et les immigrants « remodelés » au moyen de l'éducation massive. La population autochtone a été remplacée par des immigrants européens et l'on a homogénéisé une « nation blanche » sans différences. Les diversités culturelles s'effacent et les enfants des étrangers deviennent des argentins typiques (García Canclini: 1999). La différence est la composante essentielle des identités étouffées, oppressées et exclues puisque celles-ci ne peuvent s'affirmer qu'à condition d'affirmer l'identité dominante d'une culture blanche de fusion.

L'intégration de l'habitant de l'intérieur du pays et des classes populaires

L'intégration de l'immigrant d'abord et celle des habitants de l'intérieur du pays après, ont fait partie d'une politique d'inclusion établie sur un profil idéologique homogénéisant bien précis. Ceci est clairement illustré par Rita Segato (Grillo : 2001) lorsqu'elle affirme que les immigrants et les habitants de l'intérieur du pays « ont subi la pression de l'État national pour que la nation agisse comme une unité ethnique dotée d'une culture singulière propre, homogène et reconnaissable ».

---

[5] Le métissage partiel qui supprime les différences manifestes et qui coexiste avec l'extermination et la disparition des indigènes et des Noirs, se résoud dans la recherche de l'homogénéité. (García Canclini : 1999)

Mais le modèle de nation qui intègre n'échappe pas, comme nous venons de le voir, à l'exclusion. Le paradigme dualiste civilisation/barbarie se reproduit de manières diverses et complexes en Argentine. Le socialiste Aníbal Ponce soutient que cet antagonisme affirmé par Sarmiento est encore en vigueur en Argentine à travers la polarité Buenos Aires/intérieur du pays (Terán : 1986). Il s'en suit que, tel que l'affirme Martín Barbero (1989), à partir des années 30, en Argentine et dans certains pays de l'Amérique latine, la stratégie implique l'inclusion de grandes masses, provenant, dans bien des cas, de l'immigration de l'intérieur provincial vers les grands centres urbains. La stratégie qui, dans l'optique du pouvoir, configure le compromis entre les masses urbaines et l'État dans cette nouvelle expression de l'être national, est le « populisme ». Aux demandes de santé, d'éducation et de travail des masses, l'État répond en les nationalisant, à partir de sa conception sous le terme de « peuple », comme synthèse de ce qui est national.

L'intégration des masses populaires, à partir de la satisfaction des demandes, est encadrée dans un processus de revendications qui s'avère substantiel dans la construction de l'identité nationale. En effet, Laclau (1996) affirme que lorsqu'il existe des revendications insatisfaites (l'accès à l'éducation, à l'emploi, à la consommation), l'identité n'a pas été pleinement constituée parce que « ces revendications ne peuvent être formulées en termes de différence, mais comme certains principes universels que la minorité partage avec le restant de la communauté : le droit de tous d'accéder aux bonnes écoles, d'avoir une vie digne, de participer à l'espace public de la citoyenneté, etc. » (1996 : 56).

En Argentine, à partir des années 1930, l'État joue un rôle protagoniste dans la distribution des biens et des services et le protectionnisme étatique s'unit au développement industriel. La période se caractérise par un essor de la demande interne, par une tendance au plein emploi industriel et par une augmentation du « salaire réel ». L'État devient un État — entrepreneur qui accumule le capital et le distribue à travers des politiques sociales (Grote-Zamanillo : 2001a). Mais l'État ne satisfait pas seulement avec la santé, l'éducation et le travail ; le divertissement est un autre service proposé au peuple et il est également fonctionnel dans la construction d'une nation homogène. Dans ce processus d'intégration, le cinéma et la radio fournissent, sur tout le territoire national, les images d'un sentiment national. La nation est théâtralisée dans le cinéma par le biais des visages et des gestes populaires qui se légitiment comme archétypes de la culture nationale. Les masses se reconnaissent dans les images diffusées par les médias et ceux-ci deviennent, à leur tour, les instruments d'interpellation des « caudillos » des masses populaires. L'être national est raconté dans son essence et l'identité nationale se configure derrière un voile de chauvinisme (Martín Barbero : 1989).

Arantes (1999) affirme que la citoyenneté se configure, parmi d'autres facteurs, autour d'un sentiment d'appartenance, c'est-à-dire de partage des intérêts, de la mémoire, des expériences, des valeurs, des sentiments et du fait de se sentir partie d'une collectivité à laquelle le sujet s'identifie. Appartenir à une nation relève de tout ceci, et, en même temps, de nombreuses sphères de la vie sociale se structurent à partir des principes d'inclusion/exclusion par rapport aux droits ou aux responsabilités sociales.

Entre 1945 et 1975, l'Argentine développe deux modèles économiques. De 1945 à 1955, un modèle industrialiste distributionnaliste, et entre 1956 et 1975, elle met en place une stratégie industrialiste de concentration. Les deux modèles économiques ont une grande incidence dans la réussite d'une intégration sociale en raison des liens qu'ils encouragent entre le système productif et l'emploi. Des secteurs plus larges de la société commencent à avoir un meilleur accès à l'éducation, à la santé, au logement et à la sécurité sociale. Dans tous ces cas, l'intervention sociale de l'État concernant les politiques publiques est déterminant (Grote-Zaramillo : 2001a).

Selon García Canclini (1997), la politique de développement — qui s'étend depuis les années 50 jusqu'à la fin des années 60 — conçoit aussi l'hétérogénéité en contradiction avec le procès modernisateur, d'où le besoin de neutraliser toute différence. En effet, l'égalisation de la société est un impératif et les politiques sociales en sont un excellent moyen. Grillo (2001) souligne que le processus de nationalisation de la société s'exerce à travers une infrastructure d'institutions consacrées à l'éducation, la sécurité, la défense, la santé et le divertissement.

Le schéma d'intervention sociale de l'État, qui a fonctionné pendant plusieurs décennies, et qui est connu comme l'État du Bien-être, a représenté une nouvelle relation capital-travail articulée par des politiques publiques distributrices et protectrices du secteur du travail (Zamanillo : 1999). Le but de l'État du Bien-être est de diminuer les inégalités sociales et, dans ce processus, un nouveau profil intégrationniste prend forme : celui de la participation aux bénéfices d'une nation moderne et progressiste des secteurs populaires et des nouveaux immigrants urbains provenant de l'intérieur du pays.

Le discours qui invente la nationalité sous un voile intégrationniste, qui cache ce qu'il exclut et protège une homogénéité qui nie les différences, est contradictoire — tel est l'avis de Sarlo (1998) —, puisque ce qui est patriotique, démocratique et égalitaire s'impose de façon autoritaire face à toute expression de différence culturelle, dévorée par le puissant imaginaire du travail, de la famille et de la nation. L'identité nationale se constitue, d'une part, en fonction de sa différence avec les « autres » exclus, d'autre part, elle repose sur l'établissement d'équivalences entre toutes les différences internes. Mais, évidemment, l'appareil est en mouvement, les foyers dissidents ou confus sont définitivement exclus et un voile protecteur tranquillisant se déploie sur une population blanche répandue tout au long du pays, qui commence à jouir du bien-être et du progrès. Selon l'avis de García Delgado (1998), pendant ce processus de politiques propres à l'État bienfaisant, les attentes de mobilité sociale étaient plausibles, les opportunités éducatives ont augmenté et il y eut accès à des niveaux importants de consommation (Grote-Zamanillo : 2001a).

Une nouvelle configuration économique, politique et sociale

Vers 1970, le panorama commence à changer. Le déficit fiscal ajouté à la dette externe frappe le financement des politiques sociales et l'ouverture économique favorise une plus grande concentration du capital et l'élimination des entreprises moins productives (Grote-Zamanillo : 2001a ; Zamanillo : 1999).

Un système capitaliste qui dépasse les frontières des états commence à se légitimer et il semble impossible de ne pas participer à cette dynamique qui, évidemment, renverse les politiques dans certains états nationaux. Ceux-ci doivent les transformer pour rentrer dans ce nouveau cursus qui régit le capitalisme dans le monde. Mais les choses ne sont pas aussi simples et tout semble indiquer que la totalité des pays ne participent pas de la même manière à cette croissance articulée des marchés. Pour García Canclini (1999), il est difficile de croire que cette ouverture et cette intégration internationales font bénéficier tous les pays de la même façon. Il considère que la modification des frontières implique aussi l'apparition de nouvelles frontières d'inégalité. En Argentine, l'adaptation à ce nouveau système économique mondial implique un rétrécissement de l'État et une diminution de son rôle protagoniste d'assistance.

Le pays assiste avec euphorie à l'avènement de la démocratie en 1983, mais l'inclusion politique montre maintenant sa contrepartie : l'exclusion sociale qui se manifeste dans une grandissante mobilité sociale descendante. De nouvelles inégalités surgissent, entre la croissance et l'emploi, entre la croissance et la distribution du revenu (Grote-Zamanillo : 2001a). En effet, tel que l'affirme Critchley (1998), le libéralisme économique — conçu en termes de marché libre — et le libéralisme politique ne sont pas équivalents. De la même façon qu'un état économiquement libéral n'est pas nécessairement démocratique, le processus de globalisation de l'économie de marché ne s'accompagne pas toujours d'un compromis de tolérance. En fait, la forte compétitivité qui caractérise le processus de mondialisation économique détermine un accès inégal des pays à cette dynamique. D'après l'expression de García Canclini « [...] l'actuel projet modernisant se caractérise parce qu'il ne se propose point, ni dans les déclarations ni dans les programmes, d'inclure tout le monde. Sa sélectivité s'organise selon la capacité à offrir du travail au moindre coût et à conquérir des consommateurs au lieu de développer la citoyenneté. » (1999 : 82)

Vers 1990, l'ouverture des marchés, la libéralisation de l'économie et la réforme de l'État suscitent de grandes transformations sociales. Les Argentins tentent de s'adapter à ce nouveau contexte, non sans résistances et incertitudes. Pour Grillo, il s'agit d'une société avec un haut sens de l'intégration nationale qui vit dramatiquement la retraite abrupte de l'État national grâce aux politiques de décentralisation de la gestion publique, à la dérégulation économique et aux privatisations des services publics (2001). Pour améliorer la compétitivité externe il est nécessaire de réduire les coûts du travail et pour faire face aux restrictions fiscales, il faut une plus grande efficacité dans la dépense publique, ce qui inclut la dépense sociale (Cortés-Marshall : 1998).

Les nouvelles configurations économique, politique et sociale, entendues comme un réseau de Sémiosis

Pouvoir établir des liens entre la situation sociale vécue en Argentine et sa configuration signifiante à travers les discours scientifiques et médiatiques, exige l'adoption d'une position capable de comprendre tout phénomène de sens en tant que fragment d'un réseau sémiotique dont tout discours est alternativement condition productive ou reconnaissance du ou des autres. Cette perspective théorico-méthodologique trouve son inspiration dans les hypothèses d'Eliseo Verón (1996), pour qui l'accès à ce réseau signifiant implique l'analyse de fragments ou d'états de ce tissu sémiotique. Ce réseau sémiotique est formé de phénomènes sociaux en tant que processus de production de sens, puisque toute production de sens est nécessairement sociale et que tout phénomène social est une production de sens. La dépendance réciproque entre les dimensions signifiantes et les phénomènes sociaux s'explique parce que c'est seulement par les discours que le sens manifeste ses déterminations sociales. De ce point de vue, les comportements sociaux sont interprétés comme discours et il n'existe pas de discours qui ne soit, à son tour, un comportement social. Verón entend qu'un objet signifiant ou un ensemble discursif — que ce soient des pratiques sociales, des discours scientifiques ou médiatiques — ne peut s'analyser en soi-même et qu'il exige d'être mis en relation avec ses conditions productives formées par d'autres discours de la même sémiosis. Cette relation s'exprime à travers les empreintes que les conditions productives ont laissées dans les discours, que ce soit des empreintes de sa génération ou de ses effets. Les conditions de production d'un discours sont toujours suscitées par la présence d'autres discours, donc le discours est nécessairement un phénomène de reconnaissance puisque tout effet de sens se manifeste seulement dans d'autres textes produits.

Selon cette perspective, les indices ou les statistiques, les études scientifiques sur la situation sociale en Argentine, les manifestations dans les rues, les grèves ou les pratiques sociales quotidiennes sont tous des discours-fragments d'une sémiosis, dont les discours médiatiques font aussi partie. Ce réseau de sens s'est ancré en Argentine, ces dernières années, d'une manière singulière. Sa particularité réside, entre autres facteurs, dans certains fragments de sens qui circulent de discours en discours, en se manifestant comme empreintes de production ou de reconnaissance d'un discours ou de l'autre. Expliquer le fonctionnement de ce réseau impliquerait une analyse qui excède les limites de cet article. Toutefois, il est possible, à notre avis, de souligner certains passages intéressants. En ce sens, de nombreux travaux rendent compte d'une nouvelle réalité sociale en Argentine, les analyses se joignent aux chiffres statistiques et celles-ci aux pratiques sociales de visibilité quotidienne et aux décisions politiques. Le lien entre ces ensembles discursifs et les messages médiatiques constitue un moyen d'appréhender ce système de passage de sens qui fonctionne comme un réseau qui se rétroalimente. Les discours des médias exhibent les empreintes de tous ces autres discours et fonctionnent à leur tour comme leurs conditions productives qui, alternativement, deviennent des manifestations discursives de leurs effets. Verón affirme : « Dans le fonctionnement d'une société rien n'est étranger au sens : le sens est partout... » (1996 :136). Les infinies connexions, allers et retours, entre un discours de presse, une conversation quotidienne, un film, une mesure politique ou un enfant qui dort dans la rue, « s'accouplent » dans une dynamique de productions et de reconnaissances de sens.

Le discours-politique néo-libéral

La nouvelle politique néo-libérale est le fondement de cette nouvelle étape en Argentine et elle impose de s'adapter au fonctionnement économique international et d'être compétitif. Si, pendant la phase libérale, l'axe fut le principe de l'échange où l'État avait un rôle protagoniste (distributif et coercitif), durant la phase néo-libérale, c'est le marché qui prédomine comme principe. L'État change de caractère et de signifié, il perd son profil interventionniste. Les supports équitables d'une démocratie sociale s'effacent puisque les transformations du capital global réduisent *sa marge* d'intervention, la politique étant de plus en plus assujettie à la dynamique du marché mondial. Les sociétés se dépolitisent et cèdent à la société de marché (Zamanillo : 1999). Pour García Canclini (1997, 1999) la globalisation favorise la conversion des citoyens en consommateurs et l'interculturalité démocratique est surtout subordonnée au marché.

L'Argentine ne demeure pas à l'écart de la dépolitisation, quoique l'appauvrissement général de la société empêche les habitants d'exercer confortablement leur rôle de consommateurs. La dépolitisation des citoyens se combine aux déceptions quotidiennes et ce fait s'attache, par exemple, au résultat des élections constituantes dans la Province de Córdoba en septembre 2001. Avec 30% d'abstentions, considérons que le citoyen non seulement omet d'exercer un droit mais se soustrait à son devoir puisque le vote est obligatoire. De plus, l'appauvrissement des classes moyennes avec leur consommation de biens de plus en plus exiguë, se conjugue d'une manière évidente au discours des programmes télévisuels et de la publicité. Citons comme exemple un spot publicitaire de « CTI móvil » (2001) dans lequel un chef de famille de classe moyenne est angoissé parce qu'il ne peut pas faire face aux dépenses quotidiennes : payer la carte de crédit, une coupe de cheveux pour sa fille, une contravention de stationnement.

L'implantation d'une politique néo-libérale en Argentine, ses conséquences et leur analyse par les experts se constituent comme un conglomérat de plusieurs sens qui interagissent d'une manière de plus en plus insistante avec les discours des médias. On ne peut pas nier, dans les médias de masse, l'existence d'un discours mettant en question les états interventionnistes qui intensifient la situation de stagnation. Pourtant, la valorisation exhibée par les discours médiatiques sur l'implantation d'une politique néo-libérale dans le pays n'est positive qu'en ce qui concerne le besoin d'intégration du pays au marché mondial. Au contraire, les discours des médias relèvent de manière considérable le profil négatif de cette politique, à travers la réclamation constante de la société d'un état interventionniste qui résolve les problèmes sociaux.

Jour après jour à travers les médias, les Argentins prennent connaissance d'un nouveau front, d'une nouvelle coordinatrice ou des plus originelles formes de protestation. Dans tous les cas, les porte-parole de ces groupes interpellent le gouvernement à la recherche de solutions aux problèmes de licenciements, de pauvreté, de non paiement des salaires; et dans tous les cas, on attaque de manière explicite le modèle économique inspiré d'une politique néo-libérale. Les pages centrales des journaux et la plupart de l'actualité nationale dans les informations télévisées rendent compte des coupures des routes faites par les « piqueteros[6] », des manifestations de la « Coordinatrice des chômeurs » ou des marches et des actes des différentes corporations, surtout des fonctionnaires.

La voix des politiciens et sa médiatisation n'est pas à l'écart de ce réseau de sens. À titre d'exemple, nous citons une entrevue réalisée

---

[6] « Piquetero » : nom par lequel se désignent les travailleurs (ou chômeurs) qui font une sorte de piquet de grève en coupant des routes nationales (Note de la traductrice).

avec Rodolfo Terragno — ancien chef du Cabinet du Président de la Rua — dans un magazine journalistique. Elle est intitulée : « Une critique à la recette néo-libérale ». Pour ce politicien argentin, « L'État dépense moins que ce qu'il collecte, mais ceci n'est pas suffisant pour payer les intérêts de la dette, alors il demande de l'argent par le biais de l'émission de bons, ce qui l'oblige à se soumettre au marché [...]. En Argentine, nous avons été dominés par le sectarisme d'un courant de pensée économique néo-libérale qui attribue tous les maux aux dépenses publiques... Il fallait diminuer le déficit à tout prix, en augmentant les impôts, en réduisant les salaires, et c'est ce que nous avons fait. Conclusion : nous n'avons pas grandi et le déficit est plus grand [...]. Nous sommes en train de créer 466 chômeurs par jour[7]. »

Les discours révèlent que cette politique néo-libérale ne semble pas être capable d'accomplir ses promesses de croissance et de prospérité. Bien au contraire, les inégalités, le chômage, la pauvreté et l'exclusion grandissent et les classes moyennes s'incorporent au monde de la pauvreté (ce qu'on appelle les « nouveaux pauvres »). La plus grande concentration économique crée une brèche de plus en plus large entre les riches et les pauvres[8], le marché du travail se modifie et l'État rétrécit.

Chômage

Le chômage est l'une des conséquences les plus visibles de l'implantation d'une politique néo-libérale en Argentine et de l'effort pour participer à la dynamique de la mondialisation économique. Les licenciements, massifs ou échelonnés, le chômage sans possibilités certaines d'une prompte réinsertion dans le circuit du travail et sans assurance-chômage pour tous, les nouvelles formes de sous-emploi ou d'emplois précaires sont visualisés à travers un réseau discursif complexe et varié. Des études et des travaux académiques, le cinéma, les discours de médias de masse en général et le vécu même des citoyens au quotidien rendent compte de cette situation. Les séries télévisées racontent cette nouvelle et dramatique situation sociale vécue par les Argentins. Le personnage « Roxi » du téléroman « Gasoleros[9] »[10] (1999) se débat dans

---

[7] *Revista Luna*, 22 décembre 2000.

[8] À Buenos Aires (capitale de la République et la région la plus riche du pays), les chiffres rendent compte du plus grand degré d'inéquité, de là que la différence entre le 10% des plus riches et le 10% des plus pauvres est de 89% et cette différence a augmenté de 25 fois entre 1991 et 1997.

[9] « Gasolero » vient du mot « gasoil » : fuel, carburant économique (Note de la traductrice).

[10] Le nom de la série n'est pas un hasard, un « gasolero » est quelqu'un qui est capable de s'adapter à vivre avec peu d'argent, à diminuer son niveau de consommation. Ceci suppose, logiquement, qu'il ne s'agit pas de quelqu'un habitué à vivre avec peu d'argent, mais d'une personne de classe moyenne qui s'est vue dans l'obligation d'adapter sa nouvelle forme de vie à un revenu économique nettement inférieur.

la lutte ingrate pour la survie; certains personnages de la série « Coupables » (2001) ont des postes instables comme le vendeur immobilier ou bien ils changent continuellement de travail. Le désespoir face à la possibilité de perdre le travail et de ne pas en trouver de nouveau déchaîne la tragédie dans le chapitre « Sale blague » de l'unitaire « Point Final » (2001).

Cette situation de « fragmentation sociale » implique, d'après la perspective de l'identité, une fracture dans l'homogène de « l'être national ». L'identité nationale, si soigneusement édifiée pendant presqu'un siècle, au moyen de politiques d'intégration et d'un principe d'universalisme, se dissout dans une prolifération d'identités nationales désarticulées. Pour éclairer ce phénomène, l'hypothèse de Laclau (1996) est pertinente lorsqu'il affirme que les années 90 se caractérisent précisément par la prolifération des particularismes et par la perte de la perspective de l'universalisme nécessaire à la construction identitaire. Or, si, comme le soutient l'auteur, une construction identitaire peut être aussi bien progressiste que réactionnaire, il est donc possible de penser que la prolifération des particularismes pourra être, à son tour, aussi bien progressiste que réactionnaire. En ce sens, on est loin de pouvoir considérer la fragmentation sociale évoquée comme progressiste. Ce processus d'inégalité et de fragmentation sociale n'est pas étranger au reste de l'Amérique latine et à d'autres pays périphériques. Laclau illustre bien — dans un autre ouvrage — cette problématique quand il affirme que « Dans bien des pays du tiers monde, par exemple, le chômage et la marginalité sociale débouchent sur des identités sociales détruites au niveau de la société civile et sur des situations dans lesquelles le plus difficile est de construire un intérêt, une volonté pour être représenté dans le système politique » (Laclau : 1998 :102).

En Argentine, le retrait de l'État des fonctions essentielles se combine avec la vente des entreprises publiques et avec une concurrence impitoyable qui commence à se développer quand les grandes multinationales s'installent dans les différentes villes. L'État cesse d'être le « grand employeur » et les nouvelles méga-entreprises ne parviennent pas à offrir du travail aux anciens fonctionnaires. Le petit commerçant ferme les portes de sa boutique : ses prix ne peuvent pas concurrencer ceux des méga-marchés ou méga-magasins. À cet égard, la perspective de Castillo Durante est aussi éclairante que pathétique : « Dans le contexte de tiers monde de certains pays latino-américains, les conditions de confort de certaines classes sont même le résultat d'une immense ordurisation de l'espace social dans lequel la plupart de la population essaie de survivre […]. Vue de cette perspective périphérique, la décomposition légitime le discours politique local. » (1999 : 237) Si, tel que Chantal Mouffe (1998) l'affirme, le consensus découle d'une hégémonie temporaire qui implique une certaine forme d'exclusion, la décomposition du corps social fragmenté en identités confondues manifeste cette exclusion. Quand les particularités s'affirment comme différence pure par rapport aux autres particularités en développements séparés, les relations de pouvoir s'ignorent (Laclau: 1996). En effet, ce panorama décourageant procure des arguments à une classe politique désorientée qui ne trouve pas les moyens pour résoudre la situation. Voici exactement la vision d'un groupe d'interviewés pour lesquels le grand coupable de l'exclusion des Argentins des bénéfices de la globalisation n'est pas un « autre étranger », mais l'inaptitude des dirigeants politiques nationaux à affronter avec efficacité et honnêteté la situation mondiale (Grillo: 2001). D'une certaine façon, l'homogénéité compacte de l'identité argentine se déchire et les différences internes commencent à se profiler.

L'exclusion sociale et la fragmentation interne se manifestent au moyen d'une prolifération d'emplois informels et au noir, dont les salaires sont bas ou dépendent des ventes et où les travailleurs manquent de couverture médicale et de bénéfices sociaux, comme les chauffeurs de taxi, les vendeurs à la commission et les petits commerçants à leur compte[11]. Cette réalité se conjugue à de nombreux messages médiatiques de fiction ou pas. Dans le programme de télévision « Derrière les nouvelles », l'animateur Jorge Lanata se distingue par son travail de dénonciation des affaires corrompues et de l'inefficacité politique. Comme contre-partie de l'enrichissement illégal des hauts fonctionnaires et des grands entrepreneurs, il présente, lors d'une émission du mois d'août 2001, le témoignage déchirant de la femme d'un travailleur à son compte qui a six enfants et qui, avec son mari, vivent tous dans une chambre sans plancher et avec seulement deux lits.

Exclusion sociale

Pour Grillo (2001), le rétrécissement de l'État en Argentine implique une désintégration sociale qui s'ajoute à une absence d'espaces d'intervention légitime des citoyens. Mais, bien que l'État ait abdiqué plusieurs de ses fonctions, il persiste un imaginaire sur un sens de la nationalité, qui se manifeste dans le recours constant à l'État et dans la protestation teintée d'un sentiment craintif pour la perte possible de cette instance régulatrice. Dans ce cadre, les discours des médias rendent compte de deux stratégies différentes menées par la société. D'une part, dans la presse en générale, dans les journaux télévisés et dans les émissions avec débat se manifestent la réclamation et la protestation contre le gouvernement et contre les entreprises qui ferment leurs

---

[11] Grote et Zamanillo (2001) définissent le travail « à son compte » comme une activité au noir ou de l'économie informelle (vendeurs ambulants, artisans, etc.).

portes en laissant les gens sans travail. D'autre part, ces discours expriment les diverses stratégies solidaires et d'auto-entreprise que la société développe pour faire face à la pauvreté et au chômage.

En ce sens, des revues, des journaux et d'autres programmes télévisés diffusent l'activité de différents groupes de citoyens qui donnent à manger à des enfants et à des chômeurs dans des « comedores populares[12] », qui abritent des gens qui dorment dans la rue, etc.. Un exemple paradigmatique est le reportage « Chômeurs de Rosario. Unis, ils retournent au travail ». Il s'agit d'un groupe de chômeurs — provenant de la classe moyenne et pour beaucoup d'entre eux, des anciens professionnels — qui ne se sentent pas écoutés par le gouvernement, ni représentés par les « piqueteros ». Cette organisation rassemble 11 000 chômeurs qui vivent de leurs cultures plantées dans une propriété empruntée et qui offrent un certain nombre de services solidaires. Le reportage souligne que l'industrie à Rosario avait pourvu 58 000 postes de travail et qu'aujourd'hui on parle d'un cimetière d'usines, puisqu'elles ont toutes fermé[13]. Un autre exemple significatif est celui des « Suppléments Solidaires » du journal « La Nación » (décembre 2001) qui présentent différents cas d'actions menées par divers groupes pour répondre à la difficile situation sociale.

L'exclusion sociale se joint à la précarisation de l'emploi qui conditionne le degré d'appauvrissement, et à la fragilité des liens sociaux qui renvoient aux identités en crise (Grote-Zamanillo : 2001b). Dans les termes de Laclau (1996), on peut parler d'une perte d'équivalences nécessaires entre les différences internes, « l'autre étranger », exclu, fait maintenant partie de la société civile qui fut le support d'une identité nationale homogénéisée derrière un intérêt commun. Autrement dit, si, comme l'affirme Laclau, le partage des principes universels à partir des revendications satisfaites (santé, travail, éducation) contribue à une homogénéité sociale qui cimente l'identité nationale, l'exclusion sociale s'exprime dans l'établissement de nouvelles différences — particularismes — à l'intérieur de la société, qui mettent en crise l'identité monolithique. Les bases universelles de l'identité nationale se diluent comme conséquence des différences internes ; l'exclusion des biens nationaux rend irréalisable la neutralisation des différences, ce qui est essentiel pour la conservation d'une identité. La perte de l'identité et la marginalité sociale constituent un phénomène clairement lu dans le film argentin « En attendant le Messie » ; ici, un employé de banque est licencié après « l'effet Tequila » et, en conséquence, il perd sa maison, son

---

[12] Ce sont des salons aménagés dans un grand espace (école, hangar de train, usine abandonnée, etc.) adaptés pour donner à manger à de nombreuses personnes (Note de la traductrice).

[13] *Revista Luna*, le 6 juin 2001.

épouse, son milieu social. Son nouveau travail consiste maintenant à faire les poubelles, sa maison est la gare de trains du Retiro à Buenos Aires et son cercle social se circonscrit à la marginalité la plus absolue.

Le chômage, la nouvelle pauvreté et le manque d'argent se constituent en un conglomérat de discours agissant comme condition productive de nombreux programmes de télévision de jeux et de divertissements où les participants (par téléphone ou présents dans le studio) peuvent gagner de l'argent : « Audace », « Voulez-vous être millionnaire ? », « L'imbattable – Hola Susana » (2001). Le pathétique extrême de cette situation est l'avènement, en septembre 2001, d'un programme de télévision : « Chiffres rouges », où le participant vainqueur ne gagne pas d'argent, mais le règlement de sa dette. L'idée de la production de ce programme naît, évidemment, de la supposition de l'existence d'un nombre important d'Argentins endettés et déjà incapables de payer leur dette. Le renseignement révélateur est que, dans la plupart des cas, il s'agit de dettes provenant de crédits acquis, impossibles à payer puisque les sujets ont été licenciés, ou de dettes contractées en raison des dépenses pour maladie dont l'origine est l'insuffisance (ou l'absence) de l'assurance santé.

L'exclusion du travail entraîne l'exclusion éducative, qui, à son tour, détermine à nouveau l'exclusion du travail : des cycles infernaux se produisent. Sont reléguées au passé les expectatives de mobilité sociale ascendante qui s'appuyaient sur un parcours habituel conduisant le sujet à s'éduquer, à accéder par la suite au marché du travail, ce qui déterminait un progrès dans ses conditions de vie et qui débouchait sur une intégration sociale optimisée (Grote-Zamanillo : 2001b). La publicité reconnaît aussi cette situation sociale. Par exemple, une annonce graphique de « Movicom Bell South » montre l'image d'une fille de onze ans qui porte, accrochée à son cou, une pancarte où l'on lit « Roses à $ 2 ». Elle a dans la main un bouquet de roses qu'elle propose à un coin de rue aux automobilistes qui s'arrêtent devant le feu rouge. Le texte dit : « nous croyons qu'elle devrait aller à l'école, aussi bien pour étudier que pour avoir une récréation[14] ». Le texte publicitaire fait référence à « Bell South pro-enfant », un programme qui offre aux enfants-travailleurs, âgés de 6 à 12 ans, des bourses et du support psychologique, social, culturel et économique.

L'exclusion sociale — renvoyant à des conditions qui poussent certains individus à se voir écartés, ou à se voir nier la possibilité d'accès à ces biens institutionnels — peut être comprise seulement par rapport à son opposé : l'inclusion sociale, qui suppose que l'ensemble de la po-

---

[14] Jeu de mots : en espagnol « recreo » peut se traduire comme pause de repos pendant les cours de l'école mais aussi comme récréation, dans le sens de s'amuser, se distraire (Note de la traductrice).

pulation est englobé dans le système d'institutions sociales et qui atteint ses buts. Laclau affirme (1998) que toute identité est contaminée par son altérité, qui lui est constitutive, mais les identités sont précaires et instables et toute modification des frontières qui les divisent produit leur affaiblissement. Ainsi, quand ceux qui étaient inclus dans les bénéfices des institutions sociales nationales en sont exclus, c'est la propre identité nationale — construite de manière discursive et pénétrée de la densité des institutions et des pratiques sociales — qui bascule.

Pour Grote et Zamanillo, l'exclusion sociale résulte de la combinaison de trois dimensions qui se renforcent réciproquement : l'exclusion du marché du travail, l'exclusion économique et le sentiment d'isolation sociale. Le chômage et les problèmes financiers déchaînent, chez les sujets, un sentiment d'isolation sociale (auto-exclusion, résignation, découragement, désenchantement) qui est vécu dans la suppression des contacts sociaux, l'abandon des relations d'amitié, l'exclusion des pratiques habituelles du groupe, comme de celles de consommation.

Nous citons ici le programme « Il faut sauver les gamins. Le futur hypothéqué » qui rend compte des conséquences sociales chez les enfants : « les gamins traversent les conséquences de la déchéance sociale » et les paragraphes suivants rapportent la réalité des enfants qui nettoient les vitres des voitures aux feux, qui mendient dans les bars et restaurants, etc.. Le reportage ajoute que « quatre adolescents sur dix ne fréquentent pas l'école secondaire » et beaucoup travaillent dans des conditions de sur-exploitation[15]. Cette combinaison macabre, qui rend propice l'exclusion sociale des individus, est renforcée à son tour par d'autres, comme l'exclusion culturelle (Grote-Zamanillo), qui fait que les personnes ne peuvent plus vivre selon leurs valeurs et habitudes, propres à leur classe sociale d'origine. Cette problématique est l'essence de l'argumentation du film argentin « Le marécage » qui dramatise l'histoire d'une famille de la haute bourgeoisie traditionnelle de Salta, vivant dans une décadence atroce, la marginalisation, l'alcoolisme, la faim et la disgrâce.

Pour la plupart des chômeurs, il est impossible d'avoir accès à l'éducation, à l'alimentation digne et à la santé. D'autres, en raison du manque de travail ou du travail informel, ne disposent pas d'assurance maladie et ils doivent se faire soigner dans les hôpitaux publics, terriblement détériorés et dépourvus. À leur tour, les diminutions dans le budget éducatif se traduisent en une éducation publique lamentable et dans une évidente réduction des jours d'école à cause des grèves des enseignants. Le niveau de consommation indispensable descend à des niveaux alarmants et l'on commence à voir des gens qui cherchent leur nourriture dans les poubelles, qui dorment dans les rues et un nombre croissant d'enfants qui mendient un peu partout. Cette réalité visible

---

[15] *Revista Luna*, le 18 mai 2001.

quotidiennement réapparaît dans les informations de la télévision et de la presse qui rapportent ce qui, apparemment, excède l'organisation syndicale ancrée dans le travail. Il s'agit de l'organisation de la pauvreté et de l'exclusion : soupes populaires organisées par la Coordinatrice des Chômeurs, marches du FRENAPO (Front National de la Pauvreté), etc.

Au-delà des chiffres et des statistiques[16], le chômage se répand dans un réseau varié de discours et de pratiques qui manifestent que, par exemple, celui qui possède un emploi doit supporter des conditions de travail injustes pour ne pas perdre le travail qu'il a. Grillo comprend que « Tandis qu'en Argentine les secteurs moyens et bas souffrent d'un procès d'appauvrissement généralisé, des patrons qui jadis avaient caractérisé l'essence nationale — comme le progrès économique, l'intégration et la mobilité sociale — sont aujourd'hui des référents qui se placent au-delà des frontières. Cette situation génère le sentiment d'être exclus, à leur tour, de ce paradis global » (2001). Ces discours, qui avaient soutenu l'édification de l'identité nationale, tombent et c'est précisément cet «universel», énoncé par Laclau (1996), qui se perd. De nouvelles différences surgissent autour de constructions sociales contingentes qui acquièrent du sens dans des conjonctures particulières qui favorisent la création de nouvelles frontières d'exclusion. C'est ce qu'Alfonso de Toro affirme : « Tandis que les élites économiques et politiques — en particulier celles des nations industrielles — jouissent des résultats positifs de la globalisation, les résultats négatifs sont expérimentés par la plupart de la population, en particulier des pays sous-développés ou en voie de développement, dans le sens qu'une énorme concurrence d'expansion a lieu en se manifestant dans le capitalisme néo-libéral avec la claudication de l'État de bien-être et des bénéfices sociaux. Globalisation signifie, dans ce contexte, un néolibéralisme sans visage qui peut s'interpréter comme une renaissance du néo-colonialisme, puisque l'industrialisation et la technicisation des pays sous-développés ou en voie de développement se réalise sans sécurité sociale et avec des conséquences terribles pour le salarié ; sans parler les autres conséquences dans les milieux urbains et sociaux. » (1999 : 60)

L'exclusion du nouvel immigrant

Le processus de mondialisation engendre, parmi d'autres questions, un flux de personnes qui traversent les frontières et qui vivent des expériences de transnationalité et de pluri-appartenance : des réfugiés, des

---

[16] Certains chiffres sont très éloquents. Vers la fin 1999, il y avait en Argentine 13,8% de chômage et 14,3% de sous-emploi. L'assurance emploi touchait seulement 16,9% des chômeurs provenant d'emplois formels. En considérant les chômeurs provenant d'emplois informels, cette assurance couvrait 5,4% des chômeurs (Grote-Zamanillo : 2001a).

travailleurs migrants, des touristes, des cadres des corporations multinationales, etc. (Hannerz, 1997). La mobilité des personnes entre les pays a plusieurs visages et l'un d'entre eux est justement les migrations massives de citoyens qui, pour des raisons politiques ou économiques, fuient leurs pays à la recherche d'une meilleure qualité de vie. Ce mouvement de personnes constitue un flux constant d'immigrants latino-américains (la plupart des illégaux) vers les États-Unis, des citoyens de l'Europe de l'Est vers l'Europe occidentale ou vers l'Amérique, des habitants de l'Orient vers l'Occident.

L'Argentine n'est pas étrangère à ce processus et, dans les dix dernières années, elle a vécu des transformations importantes dans ce sens. D'une part, la situation économique — récession, chômage et exclusion sociale — a provoqué une émigration massive d'Argentins vers l'Italie, l'Espagne et les États-Unis (en particulier vers Miami)[17]. D'autre part, elle a reçu une immigration de personnes en provenance d'autres pays qui cherchaient de meilleures opportunités. L'immigration qui arrive en Argentine est diverse et hétérogène : des Boliviens et des Paraguayens qui échappent à la misère puisque, malgré tout, il subsiste l'imaginaire d'une Argentine qui peut offrir de meilleures conditions de vie; des Coréens qui arrivent avec un capital plus ou moins important et qui entreprennent dans le pays de développer l'industrie et la commercialisation textile avec une appréciable réussite économique[18]; des citoyens de l'Europe de l'Est qui échappent au dur processus de transition de l'économie socialiste à l'économie de marché. Mais ces nouveaux immigrants arrivent aujourd'hui dans un pays différent de celui de la fin du XIXe siècle. L'Argentine montre maintenant l'affaiblissement du modèle intégrateur de l'immigrant et le pays ne veut plus additionner, comme en 1880, et faire de chaque étranger un Argentin, mais soustraire. Chaque immigrant est donc perçu comme un usurpateur qui vient arracher le peu de travail qui reste encore dans le

---

[17] Pendant l'an 2000, les Consulats de l'Espagne en Argentine ont émis 20 000 cartes de citoyenneté et passeports espagnols aux citoyens argentins. Les bureaux représentant le gouvernement de l'Italie, à leur tour, ont émis, la même année, 30 700 cartes de citoyenneté et de passeports italiens (15% de plus qu'en 1999). Il faut souligner que la colonie argentine de Miami (États-Unis) était de 50 000 Argentins en 1998 et que pour l'an 2000, on calcule que les Argentins y seraient entre 120 et 150 mille. Un autre renseignement intéressant : on calcule que 1500 Argentins approximativement entrent à Miami par semaine. Une enquête du Centre d'Opinion pour la nouvelle majorité révèle que 49% des enquêtés d'entre 30 et 42 ans quitterait aujourd'hui le pays (Magazine du journal *La Nación*, le 1er juillet 2001).

[18] Un indice significatif qui sort de la simple observation est la prolifération, dans différentes villes argentines, de commerces de vêtements dont les propriétaires sont des Coréens. Dans le quartier de Buenos Aires « Once », une grande partie du commerce textile qui jadis fut monopolisé par la communauté juive, est aujourd'hui entre les mains des commerçants coréens.

pays. L'immigrant est refusé et il souffre d'une double exclusion : celle de « l'autre » étranger sans droits qui vient voler à l'Argentin le peu qu'il a, et l'exclusion sociale marquée par la résignation à accepter les travaux informels, la surexploitation, l'absence de droits et de protection sociale.

Le vieux modèle intégrationniste de la construction de la nation moderne qui intégrait, premièrement l'immigrant, et ensuite les classes populaires, souffre d'une autre grande rupture. À l'exclusion sociale s'ajoute maintenant l'exclusion des nouveaux immigrants. Le vieux rêve d'une Argentine homogène, avec une identité monolithique, se dissout en d'innombrables particularités différentielles où il est difficile d'établir la différence entre un « nous » séparé d'un « les autres ». La société civile est fragmentée par l'exclusion sociale et il n'est plus possible d'intégrer le nouvel immigrant, disséminé en une multiplicité d'identités différentes qui s'excluent d'une même manière xénophobe. Mais, même si l'établissement des frontières internes d'iniquité qui impliquent l'exclusion sociale, affaiblit l'identité nationale, l'apparition d'un « autre » étranger favorise la neutralisation des différences internes à partir de la menace de « l'autre étranger ».

La difficulté d'intégrer socialement les nouveaux immigrants réside aussi dans le fait que ces nouveaux étrangers arrivent dans un pays qui exhibe déjà, de façon remarquable, une fragmentation sociale interne. En ce sens, Laclau affirme que « la théorie et les institutions libéral-démocratiques doivent être déconstruites étant donné qu'elles ont été pensées, à l'origine, pour des sociétés qui étaient beaucoup plus homogènes que les actuelles » (1996 : 66). Ces nouveaux immigrants — aussi pauvres que les Italiens ou les Espagnols qui arrivaient au début du XXe siècle, mais en définitive non-Argentins—, sont exclus sous prétexte qu'ils viennent enlever le peu de travail qu'il y a au pays. Zamanillo cite les témoignages de certains interviewés qui affirment que « les sources de travail devraient être offertes, avant tout, aux Argentins et qu'elles devraient être restreintes pour les étrangers (Boliviens, Chiliens, Paraguayens, etc.) » (1999 : 7). Le fait qu'ils soient blancs et blonds, jaunes aux yeux obliques ou basanés aux traits indigènes, qu'ils viennent d'Europe, de la Corée ou de la Bolivie, n'a plus d'importance. Dans tous les cas, ils sont « l'autre ». Leurs différences sont comparables et échangeables. Ils représentent « ce qui vient de dehors », la nouvelle menace qui ajoute une nouvelle déstabilisation à une Argentine déjà déstabilisée.

L'exclusion sociale dont souffre le nouvel immigrant sous forme de travaux informels et instables se mêle à une xénophobie mise en évidence par certains discours des médias de masse. En ce sens, une publicité télévisée de la lessive « Granby » (2001) est éloquente. La note d'humour est donnée par une femme de ménage paraguayenne et brune qui fait contraste avec sa patronne, originaire de Buenos Aires et blonde. Le stéréotype de la femme de ménage paraguayenne est la nouvelle version, avec le même poids dévalorisant et moqueur, de la femme de ménage à l'accent du Nord argentin ou de Córdoba (de l'intérieur du pays) qui, vingt ans auparavant, mettait la touche d'humour dans les téléromans argentins. Un autre exemple de l'identification de l'immigrante paraguayenne avec le travail domestique apparaît dans le programme de télévision humoristique d'Antonio Gasalla (1997), où l'incident comique survient des accords et des désaccords entre une fille capricieuse et sa femme de chambre paraguayenne.

L'exclusion du nouvel immigrant, dans le cas des Latino-américains, permet de voir la xénophobie par la ridiculisation de l'étranger. Des expressions d'un poids dysphorique marqué surgissent ainsi pour représenter l'immigrant bolivien ou paraguayen. Aletta Norval dit que « Les tensions non résolues trouvées dans tous ces signifiants sont aussi présentes dans la construction d'identités et de frontières politiques » (1990 : 153). En ce sens, « bolita » ou « paragua »[19] se mêlent en une chaîne d'équivalences avec « indien », « marginal » et aussi « chômeur » et « pauvre ». Ce nouvel immigrant est mal reçu et il est exclu, ce qui provoque, par conséquent, un isolement dans sa propre communauté. García Canclini (1999) affirme que les Boliviens qui vivent à Buenos Aires imaginent qu'ils forment une communauté avec ceux qui habitent en Bolivie. Ils affirment leur nationalité malgré la distance et la dispersion. Ce phénomène émerge des discours médiatiques et, par exemple, la chaîne d'informations « Chronique » consacre un espace important à la « Marche de la collectivité bolivienne contre la xénophobie » (décembre 2001). Les manifestants, des immigrants boliviens, réclament des politiques d'État qui garantissent l'égalité pour les nouveaux immigrants, qui sont des exilés économiques. L'argument est illustratif, les manifestants relèvent l'injustice contenue dans la libre circulation de capitaux dans un monde sans frontières et la différence avec l'affermissement des frontières — exprimé dans l'impossibilité d'intégration — pour les personnes qui cherchent de meilleures conditions de vie dans d'autres pays.

Même si le pire ressentiment xénophobe vise la population provenant des pays limitrophes, d'autres immigrants étrangers — d'Europe de l'Est — subissent aussi l'exclusion qui s'exprime dans l'impossibilité de s'intégrer, puisqu'ils doivent supporter des conditions de travail qui sont encore pires que celles des natifs argentins. Ainsi, les immigrants blancs et blonds — Ukrainiens, Russes, Arméniens — sont-

---

[19] Le mot « bolita » (petite balle) vient de boliviano (bolivien). De la même façon « paragua » veut dire parapluie mais vient de paraguayo (paraguayen). (Note de la traductrice).

ils, eux aussi des victimes de cette exclusion. Il s'agit d'une population immigrante avec un haut niveau d'éducation, diplômés pour la plupart, qui choisissent l'Argentine davantage de part sa tradition de pays d'immigration que de part ses conditions sociales et économiques actuelles. Ils cherchent un meilleur avenir économique et une condition de vie plus stable. Pourtant les médecins s'emploient comme masseurs, les ingénieurs comme surveillants et, parmi les enfants mendiants qui peuplent les rues de Buenos Aires, 31% sont d'origine roumaine ou du Monténégro. Ces nouveaux immigrants exclus sont la contrepartie du vieil immigrant que l'Argentine du début du siècle avait intégré. Et de la même façon que ceux-là avaient effacé leur nationalité d'origine pour se fondre dans la nouvelle identité argentine, ceux-ci — comme les Boliviens et les Paraguayens — vivent dans une communauté séparée de l'Argentine, en établissant des réseaux solidaires et un sens de communauté entre tous les citoyens de l'ancienne URSS, au-delà de leurs différences nationales[20]. Le cas des immigrants coréens rend compte d'une autre forme d'exclusion. Les Coréens ont développé avec succès l'industrie et le commerce textiles et ils imposent une concurrence difficile à gérer pour les entrepreneurs argentins. Ils n'arrivent pas pour ravir des emplois mais des consommateurs aux industries et aux commerces qui sont, paradoxalement, la propriété d'Argentins immigrants ou des enfants de ceux-ci (communauté juive, communauté syrolibanaise, communauté syrienne, etc.).

Considérations finales

Le modèle de construction de la nation en Argentine a impliqué des techniques d'homogénéisation d'une nation blanche qui ont exigé des processus d'intégration et d'exclusion du Noir et de l'indigène. Une partie du procès de cette dynamique a été la nationalisation des immigrants et, plus tard, des habitants de l'intérieur et des classes populaires. Ce processus qui aboutit à l'exclusion et à l'effacement des différences internes se cimente sur des politiques distributives d'un État de bien-être qui favorisent la mobilité sociale.

Le nouvel ordre économique mondial et le retrait de l'État de ses fonctions d'assistance déchaîne en Argentine un processus d'exclusion sociale qui favorise l'effritement de l'identité nationale monolithique. L'exclusion sociale déstabilise la neutralisation nécessaire des différences internes, indispensable à une identité nationale monolithique. À son tour, la nouvelle immigration est exclue de manière xénophobe puisque la fusion n'est plus possible dans un conglomérat de différences. Les exclus sociaux et les nouveaux immigrants se dispersent

---

[20] *Le monde diplomatique*, année II, no 24, juin 2001, p. 24-25.

en une prolifération de particularités qui exhibe un processus de fractionnement identitaire.

Cette nouvelle réalité sociale se configure à travers un ensemble de discours et de pratiques qui se conjuguent aux discours médiatiques en exposant une constante rétro-alimentation. Les discours des médias fonctionnent alternativement comme expression de l'effet d'autres discours sur cette problématique et comme conditions productives des réactions de la société en général. L'exclusion sociale et l'exclusion de l'immigrant configurent un réseau signifiant dans lequel les comportements sociaux s'enchaînent aux discours médiatiques en rendant compte d'une profusion d'identités qui, loin de favoriser la justice et l'égalité démocratiques, exhibe l'inégalité, la discrimination et l'intolérance.

Les événements qui ont eu lieu en Argentine à partir du 4 décembre 2001 constituent, probablement, le déchaînement dramatique de ce que cet article tente d'expliquer. L'exclusion et la fragmentation sociale submergent les habitants du pays dans une confrontation entre secteurs, dans une anarchie où tout référent identitaire semble être perdu et où l'incertitude, la protestation violente et l'angoisse se lient à la perte de la légitimité des institutions en général. Cette fourmilière confuse que semble être l'Argentine depuis décembre 2001 mérite, et méritera sans doute, une longue et profonde réflexion dont cet article ne peut évidemment rendre compte.

Bibliographie

Arantes, A., « Desigualdad y diferencia. Cultura y Ciudadanía en tiempos de globalización », *La dinámica global/local*, Cultura y Comunicación: Nuevos desafíos, Ed. Ciccus La Crujía, Buenos Aires, 1999.

Castillo Durante, D., « Culturas excrementicias y postcolonialismo », *El debate de la postcolonialidad en Latinoamérica*, A. De Toro y F. de Toro (eds.), Iberoamericana: Madrid, Vervuert Verlag, Frankfurt am Main, 1999.

Cortés, R. y A. Marshal, « EL modelo Neoliberal y las Políticas Sociales », communication présentée au *IV Congreso Nacional de Estudios del Trabajo*, Trabajo no 32, 4 al 6 de noviembre 1998. UBA. Fac. de Ciencias Económicas, Bs.As., 1998 ; Zamanillo, M. « Crisis y transformaciones del Estado de Bienestar. Crisis de la articulación entre Estado, capital y trabajo », *op. cit.*, 1999.

Critchley, S., « Desconstrucción y pragmatismo: Es Derrida un ironista privado o un liberal público? », *Desconstrucción y Pragmatismo*, Paidós, Buenos Aires, 1998.

De Toro, A., « La postcolonialidad en Latinoamérica en la era de la globalización ¿Cambio de paradigma en el pensamiento teórico-cultural latinoamericano? », *El debate de la postcolonialidad en Latinoamérica, op. cit.*, 1999.

García Delgado, D., *Estado-nación y globalización. Fortalezas y debilidades en el umbral del tercer milenio*, Ed. Ariel, Buenos Aires,1998 ; Zamanillo, M., « Crisis y transformaciones del Estado de Bienestar. Crisis de la articulación entre Estado, capital y trabajo », *op. cit.*, 1999.

García Canclini, N., « Cultura y Comunicación: Entre lo Global y lo Local », Ediciones de Periodismo y Comunicación, Universidad Nacional de La Plata, La Plata, Octubre 1997.

García Canclini, N., *La Globalización Imaginada*, Ed. Paidós, Buenos Aires, 1999.

Grillo, M., « Lo local hoy », *Revista Temas y Problemas*, Departamento Ciencias de la Comunicación, Universidad Nacional de Río Cuarto, 2001.

Grote, E. y M. Zamanillo, « Economic and Social Development Regarding to Youth Unemployment in Argentina », Workshop of the YUSEDER, Edit. Leske + Budrich Opladen, Bremen, 2001a.

Grote, E. y M. Zamanillo, « Desempleo de Jóvenes y Procesos de exclusión Social. Ciudades de Río Cuarto y Córdoba », *Revista Cronía*, Facultad de Ciencias Humanas, Universidad Nacional de Río Cuarto, 2001b.

Hannerz, U., « Fronteras », *Revista Internacional de Ciencias Sociales*, UNESCO, no154, diciembre1997.

Imbert, P. y A. Rizzo, « Las bases del sistema territorial nacional frente a lo global en las Américas », *Revista Cronía*, Facultad de Ciencias Humanas. Universidad Nacional de Río Cuarto (sous presse), 2002.

Laclau, E., *Emancipación y Diferencia*, Ed. Ariel, Buenos Aires, 1996.

Laclau, E., « Desconstrucción, pragmatismo, hegemonía », *Desconstrucción y Pragmatismo, op. cit.*, 1998.

Lins Ribeiro, G., *A Condiçao da Transnacionalidade, Série Antropología*, Universidade de Brasilia, 1997.

Lyotard, J., *La condition postmoderne*, Paris, Minuit, 1976.

Martín Barbero, J., « Identidad, comunicación y modernidad », *Revista Contrapunto*, Facultad de Ciencias de la Comunicación, Lima, Perú, no 54, julio de 1989.

Mouffe, Ch., « Desconstrucción, pragmatismo y la política de la democracia », *Desconstrucción y Pragmatismo, op. cit.*, 1998.

Pérez, A., « El postcolonialismo y la inmadurez de los pensadores hispanoamericanos », *El debate de la postcolonialidad en Latinoamérica, op.cit.*, 1999.

Rizzo, A., « Lo común y lo diverso: flujos mediáticos globales y televisión local », *Revista Temas y Problemas*, Departamento Ciencias de la Comunicación, Universidad Nacional de Río Cuarto, 2001.

Romero, L., *Breve historia de la Argentina*, Ed. Abril, Buenos Aires, 1991.

Terán, O., *En busca de la ideología argentina*, Ed. Catálogos, Buenos Aires, 1986.

Sánchez, F., *Mi hijo el dotor*, Ed. Kapelusz, Buenos Aires, 1991.

Sarlo, B., *La máquina cultural. Maestras, traductores y vanguardistas*, Buenos Aires, Ariel, 1998.

Sarlo, B., « Educación: el estado de las cosas », *Revista Punto de vista*, no 63, 1999. Dans García Canclini, N., *La globalización imaginada, op. cit.*, 1999.

Verón, E., *La Semiosis Social*, Ed. Gedisa, Barcelona, 1996.

Zamanillo, M., « Crisis y transformaciones del Estado de Bienestar. Crisis de la articulación entre Estado, capital y trabajo », *Revista Cronía*, Facultad de Ciencias Humanas, Universidad Nacional de Río Cuarto, año 3, vol. 3, no 3, 1999, p.16-32.